教養孩子，沒那麼難

It's not so hard to raise children

張曉雲 ╲ 著

如願當了父母，
怎麼一切跟我想
得不一樣？！

看完這本書你會明白，
教養 絕不是 無計可施！

雅典文化

國家圖書館出版品預行編目資料

教養孩子，沒那麼難 / 張曉雲著. -- 初版.
-- 新北市 : 雅典文化, 民104.02
面 ; 公分. --(現代親子系列 ; 26)
ISBN 978-986-5753-35-1(平裝)
1.親職教育 2.子女教育
528.2 103026361

現代親子系列 26

教養孩子，沒那麼難

作者／張曉雲
責編／王成舫
美術編輯／林子淩

法律顧問：方圓法律事務所／涂成樞律師

總經銷：永續圖書有限公司
永續圖書線上購物網
www.foreverbooks.com.tw

CVS代理／美璟文化有限公司
TEL：(02)2723-9968
FAX：(02)2723-9668

出版日／2015年02月

雅典文化

出版社
22103 新北市汐止區大同路三段194號9樓之1
TEL (02)8647-3663
FAX (02)8647-3660

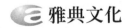

前言

如果要問這世上最困難的工作是什麼，相信所有生過小孩的人，定會異口同聲地回答：「做父母！」

的確，這世上再也沒有一份工作如同做父母這樣，沒有規章可循、沒有假期可休，最殘酷的是，不管辛苦多久，這份工作你一毛酬勞也領不到！

就如同很多人感嘆的一樣：「當了父母之後，才了解父母有多辛苦！」

襁褓時期，你爲孩子把屎把尿，跟著他日夜顛倒，就此再也沒有睡到自然醒的權利，單身時期想去哪就去哪、幾點睡覺幾點起床都憑自己喜好的自由感，當然也都變成了「回憶」。不只睡不飽，多了孩子之後，連好好吃飯都成了奢求！不管去餐廳還是在家吃，你都會驚覺，想坐下來慢條斯理地吃頓飯，竟變得如此困難！不是孩子把食物吃得滿嘴滿手都是，就是胡亂吞了兩三口便喊吃飽了急著去玩，好不容易餵飽小孩清理善後，終於輪到自己填飽肚子時，桌上的飯菜也早就涼了。

孩子活蹦亂跳、一張嘴講個不停的時候，你巴不得他休息一下，讓自己耳根子清靜個幾分鐘。但當他病了，真的靜了下來，你反倒急了，恨不得病痛全在自己身上，爲了照顧生病的孩子，幾天幾夜沒睡好也完全不累，只求他恢復健康，再皮再吵都無所謂。

小的時候你嫌孩子整天黏你，天天盼著他長大上學去。等他真的揹起書包走進校園，你不但沒有如自己想像的鬆口氣，擔憂和煩惱還反而越來越多，例如：「跟同學處得好嗎？會不會被欺負？」、「遇到的老師好不好？他能習慣嗎？」、「成績這麼差，考得上好學校嗎？」

除了生理和心理上的付出，養兒育女最實際的經濟負擔，對父母而言更是一大考驗。

撇開因爲多了一個人的必要支出不說，嬰幼兒時期的尿布、奶粉、預防針、玩具和教具，每一樣都是錢，求學階段的學費及補習費更是驚人。單身時期的你，可能想買什麼就買什麼，假日就是逛街、血拚和享受美食，慰勞自己一週的辛勞；但有了孩子後，就好像再也沒有可以隨便花錢的理由，因爲你知道，現在賺的每一分錢，都是將來要用在孩子身上的。

父母，肩上扛的就是這麼長遠和沉重的責任。但奇妙的是，這也是一份最讓人感到甜蜜和最捨不得放下的工作。日子過得再忙再累，孩子一句奶聲奶氣的話語、一個甜膩膩的擁抱，似乎都擁有天大的魔力，能把你的煩惱抛到九霄雲外去。

你可能再也捨不得買百貨公司裡的一件漂亮衣服，卻甘願爲了孩子的一個笑容，掏錢買下他夢寐以求的玩具；你或許連買杯咖啡都要考慮再三，但是爲了孩子的健康，再貴的營養品都不手軟地砸錢買下，只盼他沒病沒痛、健康長大。

父母，總是這麼默默付出不求回報。

孩子長大後，你會發現，原來父母對孩子不是只負責「養育」這麼簡單，「教育」這個大難題，才是真正考驗父母的智慧。

究竟要實行愛的教育還是鐵的紀律？犯錯該不該打？只用講的孩子會聽嗎？在學校老是闖禍，該怎麼導正他？兩個孩子總說爸媽偏心，我們明明就很公平啊！

大大小小的教養難題，就像遊戲關卡一樣，接二連三出現在你養兒育女的這條路上，更教人無力的是，做父母的即使用盡心力企圖「破關」，仍舊會有使不上力，甚至差點舉雙手投降的時候。

難道做父母的，只能消極地任憑孩子越大越難管教，親子之間的距離也因此越拉越遠？

當然不是！看完這本書相信你會明白，原來教養不是無計可施，而是要用對方法！原來孩子不是故意要跟你作對，你只是還不夠了解他，還沒有建構出適合你們親子間的教養模式。

教養真的沒有那麼難，只要有心，你也可以輕鬆當父母！

Chapter. 01

你準備好要當爸媽了嗎？

Chapter.
02

如願當了父母，怎麼跟我想的不一樣？

Chapter. 03

兩人世界變三人世界，夫妻相處需智慧

Chapter. 04

教養變輕鬆，你也做得到

Afterword

後記

Chapter.1

你準備好要當爸媽了嗎？

「大家覺得要存多少錢才能生小孩？」、「請問夫妻的月收入是多少才敢生小孩？」、「好苦惱，該不該生第二胎？」、「我想生，但老公還不想，該怎麼辦？」上述這些老一輩看了可能會噗嗤一笑的問題，卻是許多結婚育兒網站討論區裡，排行前幾名的熱門話題。這反映的不只是現在的年輕小夫妻，已經不再像上一代的父母一樣，認為結了婚就一定得生兒育女，也反映了中國人長久以來「不孝有三，無後為大」的傳統觀念，早就隨著時代的進步，慢慢地起了變化。

的確，過去的環境單純，外來資訊也少，那個時代的父母似乎不用考慮，就把結婚和生子兩件事自然而然地串聯在一起，不但婚後馬上生，而且一生就是好幾個。數十年後的現在，一切都不同了，光是要這一代的年輕男女點頭答應步入禮堂，就不是一件容易的事，如果要談到生小孩，那可真的得深思熟慮了。

要不要有孩子？結婚多久再生孩子比較好？孩子生下來誰帶？保姆

費負擔得起嗎？現在社會這麼亂，有必要把小孩生下來受罪嗎？

因爲現在的年輕人越來越有主見，也越來越追求所謂的生活品質，對他們來說，有了孩子似乎就跟沒錢、失去自由畫上等號，這大概也是台灣新生兒人口近來年銳減的原因。二零一一年的生育率甚至跌破一，成爲全球生育率最低的國家。

但你知道嗎？曾經有親子月刊做過相關調查，台灣的婦女其實不是不想生，而是「不敢生」！怕沒錢、沒時間、思考地不夠周詳，所以不敢生。

究竟在決定要當爸媽之前，要做哪些準備呢？

是「你」想生還是「你們」都想生？

對於生小孩這件事，夫妻倆一定要先達成共識，是不是雙方都想生？打算婚後幾年生？畢竟生養小孩是父母雙方一輩子的責任，照顧新生兒的疲憊和辛苦也不是聽旁人說說就能理解。

如果在其中一人還沒有做好準備的狀況下就有了孩子，日後面臨育兒壓力時，原本不想生的那一方會比較容易出現負面的情緒，甚至浮現「當初又不是我說要生的」諸如此類埋怨的念頭。

所以夫妻雙方下半輩子的人生規劃要取得共識，絕對是必須的，尤其是生孩子這件大事。

我想生，但另一半還不想生怎麼辦？

如果其中一方還不想生，先不要急著以自己的觀念去說服他，最好的辦法是「以退爲進」。先靜下心來傾聽另一半的聲音，了解他還不想生的原因，然後一起找出彼此都能接受的解決辦法。

不想生的原因有很多，有的人是希望多享受幾年兩人世界，再加上剛步入婚姻，夫妻雙方都需要時間磨合適應丈夫和妻子這個全新的身份。但不能忽略的現實面是，女性生育的黃金時期有限，而夫妻雙方的年紀越大，受孕機率越低，即使在生殖醫學不斷進步的現代，女性的年齡依舊是最難克服的不孕因素。

以醫學角度來說，生產年齡超過三十五歲以上，就算是高齡產婦了，高齡懷孕對母親和胎兒來說都會增加風險，所以在計畫多過幾年兩人世界的自由生活時，別忘了把適當的生育年齡也納入考慮，畢竟孩子不是說有就能有的。

有的人則是習慣了兩個人自由自在的生活，擔心生了之後會被孩子綁手綁腳。如果你的另一半是卡在這個原因不想生，那麼可以嘗試帶他去有小孩的夫妻聚會，和對方聊聊多了孩子的辛苦與甜蜜，趁聚會時感受一下帶孩子的樂趣和歡笑。

如果有原本不想生，卻改變心意的朋友更好，請他們分享一下心情的轉折。有許多原本抱定不生主義的夫妻，在生了小孩之後，才發現原來能夠當父母是這麼甜蜜幸福的事，多和他們聊聊，也許能夠啓發另一半其他面向的想法，重新思考該不該有小孩這件事。

也有人是擔心在這個萬物皆漲，只有薪水不漲的年代裡養不起孩子。如果是這個原因，那麼夫妻雙方就有必要好好坐下來，將彼此的收入支出做簡單的規劃，衡量一下目前的經濟狀況適不適合有孩子。

先深入了解另一半抗拒生小孩的原因，陪著他面對內心的畏懼與不安，一起找出彼此都能接受的解決辦法，夫妻雙方才有可能在生小孩這件事上找到平衡點。

我們都還不想生長輩施壓怎麼辦？

有的時候是夫妻雙方都還不想生，反倒是長輩比自己還急，一見面就問：「有好消息了沒啊？」、「什麼時候生個孫子給我抱抱啊？」明知道長輩是好意，但諸如此類的話聽久了，難免會影響心情，甚至打壞彼此關係。

但要明白的是，生小孩這件事的決定權與主導權，終究還是在你們夫妻手上，長輩與親友過度關心的話聽聽就好，如果因此傷了夫妻和氣，實在是很划不來。所以只要確定你們夫妻倆對生育的想法是一致的，同心去面對外來的壓力就好，無需因爲聽了長輩或親友的一句話，影響自己的心情，甚至反過來遷怒另一半。

不過爲了維持與長輩的和諧關係，且不讓另一半感到爲難，建議在面對催生問題時，應由自己扛起與自家人溝通的責任。意思就是說，假使催生的壓力來自於公婆，那就讓跟他們關係比較密切的先生去應對，岳父岳母這邊則由太太負責溝通，清楚明白地告知夫妻倆的生育計畫爲何，那麼長輩即使不是很能理解接受，也會因爲疼愛自己的孩子，減少叨念和責怪的頻率。

中國人的家庭觀念重，總是將結婚和傳宗接代畫上等號，即使經過時代變遷，在目前的社會氛圍裡，晚婚晚生，甚至決定不婚不生的人，仍舊得承受不少異樣眼光和過度關心。但要明白的是，需要擔負養育和教育責任的人是你們夫妻倆，而非周遭那些只會在見面時，享受逗弄寶寶樂趣的親友們。所以不需要爲了討長輩開心或符合社會期待，反而忽略內心最真實的想法，影響自己的抉擇與判斷。

孩子應該是「愛的結晶」，不是「調解工具」

不管你們夫妻決定什麼時候生，打算生幾個，千萬都不能把孩子當成是改善婚姻關係的「工具」。

有不少夫妻因爲無法適應婚姻關係帶來的改變和壓力，所以三天一大吵，五天一小吵。在對自己的婚姻狀況感到無能爲力時，可能就會冒出「生個小孩來維繫夫妻感情」的念頭，尤其是女性更容易產生這樣的錯誤觀念。有人常誤認爲多了一個小孩，夫妻之間就會多了一個愛的牽絆，不管發生什麼問題，兩人都會爲了小孩再多想一想，多包容對方一點。甚至有很多發現先生外遇的妻子，會寄望藉由生孩子挽回對方的心。

其實有這樣的想法是很危險的。試想，本來溝通就有問題的兩個人，在孩子出生後又多了經濟負擔和教養問題，原本就不穩固的感情，可能變得更岌岌可危？

或許在短期內，你們雙方會因爲有了共同的目標——孩子，而暫時轉移注意力，將所有的心思都投注在孩子身上。但當迎接新生命的喜悅過去了，隨之而來的便是照顧孩子的精力耗費、養育孩子的金錢花費，在這些現實問題都一一浮現之後，你會發現跟另一半爭吵的次數可能比生小孩之前更頻繁，而且吵得更兇，因爲會引爆你們爭執的點變得更多了！

而孩子長期生活在這樣的家庭氣氛裡，會幸福快樂嗎？

準備當父母的好時機，應該是在夫妻雙方心態健全、感情和睦時，絕不是在婚姻出現危機時，想藉著生孩子挽救已經變質的感情。

多 養一個孩子經濟過得去嗎？

英美兩國曾經做過相關研究，寶寶出生第一年的平均開銷大於台幣四十三萬。如果你被這個數據嚇到了，那麼養育一個孩子到二十一歲的平均花費至少要一千萬，是不是更讓你對生孩子這件事感到卻步呢？

先別被這些統計數字給嚇到，有時候這些相關研究只能當參考用，畢竟實際養育小孩的支出花費，真的要親身經歷後才能了解需要多少，也才能按照自己的經濟狀況，設法取得收支平衡。很多人在有小孩前，因爲無拘無束，所以花錢自然不用考慮太多，當然更不會去檢視自己的收支狀況；但在當父母之後，光是尿布奶粉、自費預防針、托育費用等，這些基本開銷就會逼得你把錢省下來留給孩子，反而在不知不覺中改變了過去的消費習慣。

老一輩的人在勸年輕夫妻生小孩時總會說：「囝仔會自己帶財來。」這句話聽在現代的父母耳裡，或許有點迷信、有點過於樂觀，但其實它背後隱藏的含意可能是，有了孩子父母自然而然會有存錢的動力，即使無法像單身時期那麼恣意揮霍也甘之如飴。所以倒也不必因爲看了幾則新聞報導而感到惶恐，富有富的養法，一般小康家庭也絕對能用自己的方法，養育出同樣健康快樂的孩子。

究竟在準備生小孩前，夫妻雙方在經濟方面可以先做好哪些準備呢？

檢視目前收支，預先規劃未來開銷

夫妻雙方每個月的收入總共有多少？每個月固定的開銷有哪些？例如：房貸、房租、水電瓦斯、餐費、保險費、孝親費等。多了孩子之後會增加的開銷，例如：尿布奶粉、托育費、小孩保險費、自費預防針等。以目前的狀況初步計算一下，能夠負擔那些增加的開銷嗎？

如果答案是否定的，也不用過於緊張，建議你檢視一下自己和另一半的消費習慣，有沒有可以改進的空間，把錢花在「需要」的地方，而非總是買「想要」的東西。或許在審視後，你們會發現，其實根本不是養不起小孩，而是自己想要的東西太多。

恩典牌育兒法，省錢又好用！

從孩子還在肚子裡時，就可以把懷孕到孩子出生之後需要的清單先列出來，然後不要怕丟臉地詢問周遭不打算再生的親朋好友，手邊還有沒有閒置仍堪使用的嬰兒用品可以出借。

別小看這個動作喔！光是嬰兒床、推車、汽車安全座椅、消毒鍋、擠乳器等這些育兒用品，如果有親友提供，省下來的錢絕對不只一兩萬元！

孩子的衣物，也千萬要記得跟親友索取。

有逛過百貨公司童裝專櫃的人都知道，一件小孩的衣服或褲子，動不動就是上千元，孩子生長的速度很快，有些衣服穿個一兩次就無法再穿了，如果都買全新的，實在是很浪費。

也有習俗認爲，穿二手衣的小孩會比較好帶，不管你相不相信這種說法，給孩子穿二手衣既省錢又環保，何樂而不爲？而那些省下來的治裝費，存下來當寶寶日後的教育費用，不是更有意義嗎？

善 用網路和團購，便宜也能有好貨

在人人幾乎都有智慧型手機的現在，上網購物已經成了許多人主要的消費型態，臉書上的二手社團也因此越來越多。建議新手媽媽們可以多參加幾個二手社團，除了能夠把寶寶穿不下的衣物上網拍賣賺點零用錢，也能在二手社團裡挖到寶，以低廉的價格，買到不錯的東西。

參加團購也是一個方法，俗話說「團結力量大」，育兒用品的團購價比市價便宜好幾成，長時間累積起來，省下的金額也是很可觀的喔！

查 清楚生育補助方案，讓政府幫你省荷包

近幾年來，政府爲了鼓勵生育，推出不少相關的補助方案以減輕父母的負擔。

從懷孕開始一直到寶寶出生，不管是產檢項目的費用補助、生育獎勵金、托育費用補助等，各縣市都有不同的補助方案供民眾申請，有的縣市政府甚至還提供婚後孕前的健康檢查補助。

不過這些補助方案的內容、請領期限和申請對象，都因各地規定不同而有所差異，準爸媽們不妨打電話到戶籍所在地的政府機關詢問，千萬別放棄自己應有的權利。

養育一個孩子到長大成人，的確是一個漫長又免不了花錢的過程。

但父母一定要知道的是，養育孩子最重要的絕不是優渥的物質環境，再昂貴的玩具、再豪華的海外旅行，都比不上爸爸媽媽的愛和全心陪伴。明白了這個道理，你還擔心有固定工作的自己和另一半養不起孩子嗎？

多 照顧一個孩子，家庭工作兼顧得了嗎？

除了最基本的經濟問題，孩子生下來之後的照料問題，最好也能在懷孕前就先和另一半取得共識。過去的父母，孩子生下來只有自己帶這個選擇。現代的父母可不同了，除了自己帶之外，還有政府或私人的托嬰中心及專業保姆可以選擇，或許還會有兩邊的長輩搶著幫忙照顧，光是孩子的托育問題，可能就會讓新手爸媽傷透腦筋。

在考慮孩子要自己帶或是托育時，少一份薪水的收支狀況、托育所需的費用、夫妻雙方能配合的接送時間，都要一併納入考量。沒有哪一種方式一定是最好的，畢竟每個家庭的狀況不同，只要在經濟和時間的允許範圍內找到最適合你們家的方法，對你們而言就是最好的。

孩子的成長只有一次，我想自己帶行不行？

在過去，社會大眾對於全職媽媽的刻板印象，可能都是蓬頭垢面、沒有工作能力、每天被家務和小孩纏身的黃臉婆。

但隨著時代和育兒觀念的變遷，已經有越來越多高學歷高薪的女性，爲了孩子不惜辭去別人眼中不錯的工作，毅然決然的成爲二十四小時待命的全職母親，原因只有一個：孩子的成長只有一次，唯有自己帶才能用自己的方式教養。

能二十四小時跟自己最愛的寶貝相處在一起，的確是一件甜蜜又幸福的事，但這背後要付出的心血與努力，沒有親身經歷過的人，絕對無法了解。妳大概連坐下來好好吃頓飯的時間也沒有了，時時刻刻都要在孩子身後，當然更不會有時間喘口氣歇息一下，每天從睜開眼到上床睡覺，所想的、所做的，都是孩子的事。

美國曾有一個網站，將全職媽媽的工作時數乘上基本工資的時薪，換算下來的年薪，竟高達台幣三百六十萬左右！可以想見全職帶小孩是多麼的勞心勞力，卻又沒有實質薪水可領的偉大工作，也難怪幾乎每個父母都贊同：「帶小孩比上班累。」

的確有不少相關研究都顯示，全職媽媽不但由於少了一份收入，憂心家中經濟容易感到苦悶，也會因爲少了工作成就和薪水這樣有形的肯定，對自己失去信心，因而憂鬱比例高出職業婦女許多！

既然全職帶孩子這麼辛苦、壓力這麼大，爲什麼仍舊有不少媽媽甘之如飴呢？當然是因爲自己帶孩子最安心，而且她們還能獲得不少親自帶孩子的樂趣，比如：永遠不會錯過孩子的每個第一次、可以用自己的方法教育孩子、孩子生病時能全心全意地照料，這些「特權」都是職業婦女無法擁有的。

有的媽咪想自己親帶小孩，卻又割捨不下這麼多年來苦心經營的職場，那麼申請育嬰假或許是個不錯的選擇，等孩子長大一點再託給保姆或幼兒園，既不會錯過孩子寶貴的嬰兒成長時期，又能保有原本的工作。

只是在考慮申請前，記得先打電話到政府相關單位，清楚詢問自己可以申請的育嬰假有多長、育嬰津貼可領多久、金額有多少、若公司拒絕或暗示請妳離職，又該如何保障自己的權益等。

總之，在考慮當全職媽媽之前，絕對要將上述親帶孩子的好處與壓力都納入考量，誠實地問問自己：「這樣的育兒生活，是我想要的嗎？」如果答案是肯定的，另一半也全力支持，那就盡情陪伴孩子享受這段再也不會重來的童年時光吧！

◆想自己帶孩子妳應該先衡量家中少一份收入的經濟狀況，蒐集政府相關育兒補助的資訊，確定自己願意二十四小時被孩子綁住的決心；還要反問自己：「真的願意放下目前的工作和職場成就嗎？」和另一半協議，適時讓妳「放假」，並分擔育兒工作。

孩子託給長輩帶可以嗎？

不管是家中的經濟狀況不允許，或是全職媽媽這個選項完全不在妳的考慮之內，如果無法自己帶孩子，也不用太煩惱不知道該把孩子交給誰照顧，因爲妳能選擇的托育方式還有很多。

請長輩或熟識的親友照顧孩子，是很多父母的優先選項，畢竟孩子給自己人照顧總是比較安心，他們對孩子的疼愛和呵護，更是不會比父母少。如果晚下班或有事耽擱到接送的時間，親人之間會比較好商量，托育的費用更可能比外面的保姆和托嬰中心便宜許多。長輩平淡的老年生活，也能因爲有了孩子陪伴增添不少樂趣，這些都是請長輩帶孩子的好處。

不過要考慮到的是，長輩年紀大了，體力和活動力肯定有限，很有可能放任孩子看電視度過一整天，生活作息和習慣也不會太要求，對他們而言，孩子只要安靜不哭鬧、有吃有睡就好，但長期下來卻容易養成愛看電視及吃零食的壞習慣。通常也會因爲過於疼愛孫兒，對孩子的要求照單全收，犯錯時更是捨不得導正責罵，最後養出任性不講道理、唯我獨尊的「慣寶寶」。

更讓許多媽媽感到無奈的是，將小孩交給長輩帶，遇到觀念分歧想要溝通時，通常會換來這類的話，「我們以前就是這樣帶的啦！」、「我生幾個妳生幾個？妳會比我懂？」、「小孩這麼小懂什麼？大一點再教就好了。」很多媳婦在生小孩前跟公婆的關係還算平和，於是放心地把小孩託給公婆帶，沒想到隨著孩子越大，雙方的衝突和歧見也越演越烈。如果說自己帶小孩，考驗的是媽媽本身的體力和耐力，那麼請長輩帶小孩，對媽媽而言最難的考驗，就是和長輩溝通的技巧。

不可否認，大部份的長輩由於比較年長，在面對身爲晚輩的父母時，難免會有「你們懂的有我多嗎？」這樣既定的想法。所以在遇到雙方教養觀念分歧時，如果你抱持的是「我是小孩的父母，我說的才算。」這種想法，想要說服長輩認同你，那很有可能會徒勞無功，甚至讓長輩覺得自己幫忙帶孫兒的辛苦和好意全被抹殺。時間久了，你們兩代之間爲了孩子起的爭執只會越來越多，而孩子對於日間照顧者和爸爸媽媽的教養方式不同調，也會感到無所適從。

沒有人喜歡被否定，尤其這個否定還是來自於比自己年紀小了好幾輪的兒子、媳婦或女兒、女婿，所以當你對於長輩的教養方式有疑問時，不需急著糾正或質問，不妨改爲先感謝長輩的辛勞，然後婉轉地提出問題點。例如：好幾次下班去接孩子時，總看到他在看電視。如果這時候你是氣急敗壞地質問長輩或小孩：「爲什麼又在看電視？眼睛壞掉怎麼辦？」那麼長輩的回應恐怕也無法太和善。在試圖和長輩溝通教養方式時，別忘了連帶提出自己的建議和改善方法，長輩才有可能覺得你們是在幫忙分擔育兒辛勞，而非指責他們照顧不周。

以上述看電視的例子來說，你不妨試著說：「爸／媽，照顧小孩一天很累吧！我們回來了，你們可以休息一下，孩子的眼睛也該休息一下了。」然後找機會教育長輩，孩子的活動力越來越大，照顧起來雖然累人，但看太久的電視也會傷害孩子的視力。並和長輩討論，除了看電視外有沒有其他可以讓孩子打發時間的替代方案，在這個部份有沒有身爲父母的你們可以幫忙的地方？像添購一些教具、繪本，或是提供你們認爲內容不錯的幼兒DVD，取代用電視陪伴孩子的方法。

如果孩子是託給公婆帶，那麼在溝通教養問題時，主要發言權就盡量留給先生；反之，如果是岳父、岳母幫忙帶孩子，那就由太太表達你們的想法，原本就是一家人的他們，溝通起來會容易許多。除此之外，善用「第三者」也是個不錯的方法，這個第三者可以是跟長輩年紀差不多，想法跟你們比較接近的親友，也可以是醫生、電視上的專家。像是在提醒長輩不要給孩子太多零食時，就可以讓他們知道「上次看牙醫時，醫生有提醒小孩有蛀牙嘍！」這樣的說法會比「我不是說過好多次了嗎？不要給孩子吃這麼多甜的，蛀牙怎麼辦？」讓長輩來得容易接受。甚至可以在帶孩子打疫苗或看病時，把長輩也一起帶著，讓他們當面聽聽醫生的說法。

在和長輩不同調時，做父母的一定要記住，長輩跟你們一樣愛孩子，只是他們的教養方式已經不符合時代需求了。這時你最需要做的不是跟他們爭得面紅耳赤，而是找出雙方都能接受的退讓方式，問題才能迎刃而解。

◆想請長輩或親友帶孩子，應該事先談好雙方都能接受的托育費用及托育時間，並做好育兒磨合期的心理準備。教養觀念有出入時，應提出解決辦法，而非一味指責。與長輩溝通時，善用「第三者」傳達自己的想法，並適時表達出對長輩的感謝。

家中無育兒後援，孩子送託保姆或托嬰中心可以嗎？

如果自己和家中長輩都無法照顧孩子，那麼在托育服務越來越多元的這個社會，將孩子交給收託人數較爲單純的保姆，也是不少父母屬意的方式。

和動輒幾十人的托嬰中心相比，保姆照顧的孩子人數確實是少了許多，有的家長會認爲在這樣的環境下，孩子能受到比較周全的照顧，所以即使保姆的收託費用比托嬰中心貴一點，還得依三節及年終給予獎金，還是有家長認爲值得。

但是時有所聞的保姆虐嬰事件，確實也讓家長擔憂不已，深怕自己爲寶貝挑選到不適任、沒有愛心的保姆，所以尋覓保姆的事前準備功課絕對不能偷懶，除了透過親友或鄰居介紹，政府和民間的仲介機構，例如：保姆協會、各縣市家扶中心等，也是不錯的搜尋方式。

擁有合格執照當然是最基本的條件，選擇有加入社區保姆系統的更好，因爲社區保姆系統會定期至保姆家進行探訪和考核，觀察其收託情況，以及與孩子互動的關係，對家長而言無疑是多了一層保障。

而以國內目前現行的法令，將孩子送託至社區保姆系統的保姆，只要家長收入符合規定，還可以申請費用補助。

當手邊有數位保姆的名單之後，可以先以電話進行溝通，先在電話中初步了解對方目前的托育狀況、收託時段和費用是否符合你們的需求。選出最接近自己期待的保姆後，家長一定要親自去探訪，一來可以了解保姆家的環境是否乾淨、安全，二來也可以觀察保姆與其他收託孩童的互動是否良好。去之前不妨先將想問的問題列出來，例如：保姆基本資料、收託經歷、家中成員、對孩子教養的理念等。最好是可以協調出一段試託期，在這段期間裡觀察孩子送託後的反應，如果孩子適應良好，家長也很滿意保姆的照顧，就可以簽約正式送託。

有的家長會擔心要求簽約有傷保姆自尊心，但是簽定合約保障的是雙方的權益，畢竟照顧孩子的相關細節實在太多，不管是費用、三節福利、寶寶所需的用品費用、收託時間臨時變動如何計費、保姆請假多久前要告知等，這些如果可以事先書面約定，日後真有疑慮時才有利於雙方溝通解決問題。

將孩子送託之後，做家長的也不能就此完全放心。可以自製一本寶寶日誌，請保姆記錄孩子每日的進食狀況、排便時間、情緒變化等。如果發現孩子身上經常有不明的傷口，或是變得害怕、抗拒去保姆家，一定要提高警覺，必要時爲孩子重覓合適的保姆。

真的萬不得已將孩子二十四小時托育給保姆的父母，也一定要抽空去探視孩子，若原本活潑好動的孩子變得不安愛哭，甚至在你們提出探訪要求時，被保姆以不同的理由拒絕，那麼家長絕對有必要重新檢視，孩子是否應該繼續送託給該名保姆。許多孩子送託保姆卻發生意外的新聞事件，就是因爲家長忽略了孩子身體及心理產生的警訊變化，爲人父母者不可不謹慎待之。

◆想將孩子送託給保姆妳應該尋找有執照可信賴的合法保姆，並事先去保姆家拜訪，觀察保姆家中的環境、家庭成員以及目前的托育狀況，談好雙方都能接受的托育費用及額外獎金，例如：吃副食品的錢要由誰出、夏天開冷氣加不加錢、年終三節有沒有獎金等；並談好保姆固定的休假日，例如：哪些國定假日休假、過年休幾天等；還要密切注意孩子身體和心情的變化，適時藉探望孩子的名義到保姆家「突擊檢查」。

有別於保姆家較隱密封閉的環境，托嬰中心的托育環境則顯得比較公開、透明化。容納的人數多，活動空間自然也就寬敞許多，再加上寶寶是集體照顧，所以進食、睡覺的時間會比較固定，對孩子作息要求較嚴謹的家長來說，托嬰中心的照顧模式或許比較合他們的心意。

選擇合法立案的托嬰中心，當然是最基本的第一要件，夫妻雙方的年收入如果符合規定，送託有立案的托嬰中心，每個月還可以申請補助。政府對於有立案的托嬰中心也會定期進行探訪和評鑑，評鑑結果更可以成爲家長挑選的參考依據。不過有一點要注意的是，依國內目前現行的法令，托嬰中心收託的是零到兩歲的嬰幼兒，待孩子兩歲之後又要面臨進入幼兒園的適應問題，如果是送託給保姆，家長則可以依自身和孩子的狀況來決定什麼時候上幼稚園。

托嬰中心除了硬體設備較好之外，教育方法也比家庭式的保姆教法更專業，會因應孩子們的月齡設計不同課程，像是：肢體活動、繪本字卡的閱讀等；也會爲嬰幼兒準備專屬的日誌，詳細記錄孩子每天在所內的作息、參與課程。這也是爲什麼有的家長會認爲將孩子送到托嬰中心，絕對勝過待在長輩或保姆家看一整天的電視。

而托嬰中心的團體生活也能讓寶寶提早學習如何與同儕互動遊戲。就是因爲上述這些優點，所以對托嬰中心有需求的家長也越來越多，這大概也是近年來國內托嬰中心成長率超過百分之五十的原因。

而托嬰中心雖然能讓寶寶在有玩伴的環境下成長，但也有可能因爲群體生活，孩子們容易相互傳染疾病，所以家長在選擇托嬰中心時，應該也要了解他們對環境清潔及消毒的做法及頻率、園內孩子生病時的因應對策、有無生病隔離室等這些細節。

有些托嬰中心因爲工作量大，老師的流動率也高，年紀尚小的嬰幼兒並不適合一再更換主要照顧者。假使是托兒所附設的托嬰中心，家長還要注意園內的幼兒與嬰兒，是否各有獨立且分開的活動空間，畢竟幼兒的活動力強，如果和小嬰兒在同一個空間裡遊戲玩耍，確實是有其潛在的危險性。

另外，托嬰中心雖然不用像保姆一樣要求三節獎金和年終，但相對地，家長接送的時間彈性會比保姆少很多，如果突然要加班或是假日有事想臨時托育，托嬰中心恐怕無法代勞，這些都是家長在選擇托嬰中心時應該納入考量的。而這幾年政府爲了鼓勵生育，也積極設置許多公共托育中心，除了空間大，費用更比私立托嬰中心便宜許多，雖然報名後還得抽籤決定能否送託，但對家長們來說，仍舊是一大福音。

孩子離開父母身邊，進入一切陌生的托嬰中心，一定會有一段或長或短的適應期，只要家長和老師共同耐心地引導陪伴，相信孩子很快就能擺脫分離焦慮，愉快地融入團體生活。

◆想將孩子送到托嬰中心，應該尋找合法立案的托嬰中心，事前了解其收託人數和師生比例有無符合規定，並勘查環境及園內教具是否衛生、安全門禁是否嚴格；還要確定收費及退費方法是否詳盡記錄、所內嬰幼兒是否有投保平安保險、課程規劃符不符合夫妻雙方的期待、教保人員是否有合格執照，並觀察教保人員有無愛心及耐心。

對忙碌的上班族來說，保姆和托嬰中心確實是不可或缺的育兒幫手，不管選擇哪一種托育方式，相信都是你們深思熟慮後的決定。但要知道的是，教養孩子的責任最終還是在父母身上。即使平時忙於工作，無法二十四小時陪伴照顧，但只要把孩子接回身邊時，讓他充分感受到父母的愛和用心，即使不是全職帶大的孩子，也絕對能和父母擁有親密的親子關係的。

寶寶要來了！家中老大如何接受？

對於家有老大的父母來說，再添一個寶寶雖然已經不會再有新手父母的手忙腳亂和焦慮擔憂，但也因爲多了一個孩子，所以要顧慮的層面更多更廣。不管是多養一個孩子的經濟考量、兩個孩子的年齡差距應該多大、如何讓小哥哥或小姐姐適應多了弟弟妹妹的生活，這些大大小小的問題，都考驗著父母的智慧。

可別以爲孩子還小，對家裡多了新生兒這件事毫無感覺，別忘了在還沒有老二之前，他們可是「獨占」了父母的愛好長一段時間，但當弟弟妹妹出生之後，原本屬於自己的關愛卻被迫分了一半出去，這對小小年紀的他們來說，其實是不小的衝擊。爸爸媽媽如果沒有認真看待老大的情緒反應，隨著老二的年齡增長，小哥哥或小姐姐的排斥狀況可能只會越來越嚴重，甚至對小寶寶充滿敵意，影響到原本和諧的親子關係。

所以從懷孕開始，一直到老二誕生，做父母的都不要忘了顧及老大的感受，陪著他慢慢適應多了弟弟妹妹的新生活，只要老大感受到父母的愛並沒有改變，那麼相信隨著和弟弟妹妹相處的日子漸長，老大會越來越愛護家中的這個新成員。

媽咪肚子變大了！懷孕期間如何度過？

當發現懷孕以後，就可以直接告訴老大要當哥哥／姐姐了，因爲媽媽的肚子裡有了小寶寶，這個小寶寶將來是要來和老大作伴的，爸爸媽媽和小寶寶都一樣很愛哥哥／姐姐，不厭其煩地讓老大了解，弟弟妹妹的到來是多了一個愛他的人，而不是要來和他爭奪父母的愛。

也可以挑選一些和懷孕相關的繪本，藉由故事導讀的方式讓老大了解，懷孕是怎麼一回事，媽媽的肚子接下來會有什麼變化。

產檢時也可以帶著老大同行，讓他透過超音波看到小寶寶，孩子們會對螢幕裡手舞足蹈的小傢伙非常有興趣，這時候別忘了告訴他：「你看，弟弟／妹妹看到你好開心，在跟你打招呼耶！」

感覺到胎動的時候，也讓老大摸一下媽媽的肚子，讓他知道是小寶寶正在運動，小寶寶很期待快快長大，出來跟哥哥／姐姐玩。

挑選和準備新生兒的用品時，不妨讓老大參與，問問他的意見，請他替寶寶選小衣服、小鞋子的顏色，並稱讚他：「你選的顏色好漂亮，寶寶一定會很喜歡的喔！」

而隨著肚子越來越大，媽媽或許不能老是抱著老大了，除了讓他了解為什麼這一段時間沒辦法像過去那樣好好抱他，在改用坐姿擁抱老大的同時，別忘了補上一句：「謝謝你跟媽媽一起保護肚子裡的小Ｂａｂｙ，媽媽覺得你好體貼。」

這些顧及老大的小動作和話語，非常有助於他對老二的情感建立和接納。

而進入懷孕後期，媽媽們也要開始思考生產和月子期間如何安置老大，在做決定之前請記得一個原則：幼小的孩子一次只能適應一件事。

所以不管妳是準備讓老大斷母奶或是打算送他上幼稚園，最好在懷孕期間就逐步準備完成。老二一出生才同時要求老大離乳、進入陌生的幼稚園，對他幼小的心靈會造成傷害和不安全感，生產前安置好老大，媽媽也才能放心生產，迎接新生活即將帶來的挑戰。

寶 寶出生了！坐月子期間如何度過？

因爲醫院及月子中心的規定，大部份的父母會選擇將老大託給親友或保姆照顧，所以準備入院生產前，可以先帶他到之後要住的地方適應幾天，準備心愛的玩具一起帶去，讓孩子感覺自己只是暫時去玩幾天，而且一定要讓老大明白，媽媽不在的這幾天去了哪裡、什麼時候會接他一起回家。

從帶小寶寶回家開始，就代表兩個孩子要天天一起在生活了。在老大第一次見到小寶寶時，不妨準備一份小禮物給這位新手哥哥／姐姐，告訴他：「這是小寶寶送給你的禮物喔！」相信孩子會因爲覺得倍受重視而感到非常開心。如果老大對小寶寶感到很好奇，可以讓他參與一些簡單的照顧工作，例如：拿衣服、濕紙巾、丟尿布等，當然也別忘了感謝和誇獎他的幫忙。

多了一個新生兒的生活，一開始必定是手忙腳亂，但爸爸媽媽還是要盡力抽出時間單獨跟老大相處，不管是唸故事、玩遊戲，還是出門散個步，即使只有短短十幾分鐘，老大也會因爲這段獨處時間，感受到爸爸媽媽對自己的愛並沒有改變。

要記得的是：不管老大年紀多大，都還是個孩子，做爲大人的我們將心愛的東西和別人分享時，都難免會有失落和抗拒的情緒反應了，更何況是要小小年紀的他們，和弟弟妹妹分享自己最愛的爸爸媽媽？所以在老大因爲吃醋或生氣而有攻擊老二的行爲時，父母要先以同理心理解孩子的情緒，引導他們把自己心裡的想法說出來，然後陪著孩子一起想出解決的辦法。像是：「我們來想想有什麼辦法，可以讓妹妹不亂丟你的玩具。」而不是一味地責怪、禁止老大生氣，這不僅沒有辦法紓解孩子的負面情緒，也會加重他對弟弟妹妹的不滿，日子久了，手足間的爭吵只會越來越嚴重。

從一家三口變成一家四口，必定會有一段辛苦又疲累的「過渡期」，但只要爸爸媽媽用心引導老大，讓他逐漸接納並習慣多了一個手足的生活，隨著老二一天天長大，當兩個孩子開始會玩在一起時，相信你們很快能感受到多一個孩子的幸福和甜蜜！

It's not so
hard to raise
children

教養孩子，
沒那麼難

Chapter.2

如願當了父母，怎麼跟我想得不一樣？！

好不容易度過懷胎十月和新手父母最難熬的頭一年，孩子一天天長大，開始學走路、開始牙牙學語，終於不用再像嬰兒時期那樣戰戰兢兢地照顧，吃沒時間吃、睡也沒時間睡。

你以爲最辛苦、最折磨的時期總算要過去了，卻在孩子越來越大後，發現事情原來沒有那麼簡單！

因爲隨著年齡的增長，孩子開始有了主見，個性特質也日漸明顯。他們不再像嬰兒時期那麼好「任人擺佈」，想拿什麼、要往哪走，都有自己的想法，樣樣都想自己來，卻偏偏沒辦法馬上就做好。

還不會說話時，你期盼孩子開口喊爸爸媽媽，牙牙學語時的童言童語，在你聽來都像是天籟，漸漸地，孩子會講的話越來越多，開始會講「不要」，開始問一堆「爲什麼」，再大一點甚至會頂嘴，然後親子間的衝突就這麼越演越烈！

誰不想好好地跟孩子說話，每天和和氣氣地度過？但實際情況就真的很難這樣！

記不清叮嚀了多少次走路不要跑，孩子卻當沒聽到，跌倒了才哇哇大哭；告誡他不要欺負弟弟妹妹，他就偏偏要去招惹，好像弟弟妹妹哭得越大聲他越開心；不管上學還出門總是拖拖拉拉，該帶的東西也老是丟三落四，像永遠長不大似的。好好地講就是不聽，偏要闖禍激到爸爸媽媽破口大罵或出手教訓，才淚眼汪汪地求饒：「下次不敢了。」卻永遠有數不完的「下次」。

最讓父母煩惱的是，這些教養問題永遠像是沒有標準答案一樣，無止境地重覆上演。想實施愛的教育，又擔心太溫和的教養方式會寵壞孩子，讓他天不怕地不怕，沒人治得了；試試鐵的紀律呢？又怕嚴厲過了頭，孩子只會躲著你，有心事也不敢說，親子雙方的距離會漸行漸遠，這其中的分寸應該如何拿捏？

生了兩個以上的孩子，你更會發現，每個孩子與生俱來的氣質和個性都大不相同，適合老大的教養方式，用在老二身上卻未必管用。教育老大好不容易逐漸上手的教養模式，在生了老二之後又得重頭來過。最無奈的是，你自認已經很盡力兼顧兩個孩子的心情了，卻還老是被抱怨偏心！

好不容易如願當上父母，爲什麼一切和原先預想的完全不一樣？

孩子老愛尖叫哭鬧，我該怎麼引導他？

上個月才過完一歲生日的薰薰，是個活潑外向、見人就笑的可愛寶寶，走到哪就被誇獎到哪，但媽媽這陣子卻發現，薰薰的脾氣好像變得越來越差了。

先是拿不到想要的東西會氣得大叫大哭，媽媽只當小小孩在鬧脾氣，任她氣完就好。但這幾天似乎更變本加厲了，沒什麼原因薰薰也能失控尖叫，怎麼安撫、怎麼轉移注意力都沒有用。在家這樣也就算了，連帶出門也開始會在公共場所「驚聲尖叫」，又是哭喊又是尖叫，高分貝的哭鬧聲最後總會引來旁人的側目，讓媽媽覺得顏面盡失，越來越害怕帶薰薰上街。

從會模仿大人行爲舉止開始，小寶寶就會因爲看到大人高聲說話，也想跟著學習，只是還不懂得控制音量，所以會發出高頻率的尖叫聲。一歲之後因爲自我意識逐漸萌芽，但又無法完整地用言語和大人溝通，只好藉著尖叫哭鬧來引起大人的注意。

有的家長一開始並不以爲意，認爲等孩子會說話了，自然而然就能改掉尖叫哭鬧的行爲，所以並沒有特別制止或引導。其實這是錯誤的，因爲隨著年齡越大，如果孩子仍舊學不會正確宣洩情緒的方法，只懂得透過尖叫或哭鬧表達意見，那麼孩子情緒失控的窘況恐怕只會越來越常發生。

所以當寶寶開始有尖叫哭鬧的行爲時，爸爸媽媽絕對不能視而不見，認爲孩子還小，教他他也不會懂；或是爲了不讓孩子尖叫哭鬧，一味順著他的行爲，這只會讓孩子認爲，原來想要達到目的，尖叫哭鬧就可以。

而孩子也不會無緣無故的情緒失控，如果做父母的只是單向地禁止孩子：「不要吵！」、「閉嘴」，甚至警告威脅：「再哭我就揍你喔！」，一開始孩子可能會因爲害怕被打被罵暫時禁聲，但對他們而言，引發自己情緒失控的原因並沒有被解決，而他們也沒有學會如何正確地表達情緒和需求；所以孩子永遠只能用尖叫哭鬧的行爲來吸引大人注意，然後爸爸媽媽也永遠不能理解，「明明該打的該罵的，我都有做到啊！小孩爲什麼還是講不聽？」

所以在面對尖叫哭鬧的孩子時，父母要先找出讓孩子情緒失控的原因，才有可能「對症下藥」，進而改善這些讓人頭痛的行爲。

一般而言，孩子尖叫哭鬧大致有以下幾個原因：

模仿大人：想模仿大人說話，但礙於能使用的詞彙有限，只好用尖叫的方式表達。

生理狀況：身體不適、肚子餓、累了想睡覺等。

表達情緒：生氣或開心時都有可能，但小小孩的表達能力還不足，最後通常都會演變成一開心就尖叫、一生氣就哭鬧。

真的被慣壞了：有的家長以為孩子年紀小，尖叫哭鬧是正常的，所以在這些行為一出現時並沒有花時間去引導糾正，甚至為了避免孩子哭鬧，凡事都順著他的意。導致孩子即使長大了，也習慣用這種方式表達意見。

了解孩子尖叫哭鬧的原因後，父母可以試著這麼做：

(1)穩定孩子的情緒。

先找方法穩定孩子的情緒，這樣你才有可能藉機教會孩子，正確表達意見和情緒的方法。所以在這個時候，用同理心瞭解孩子的感受，絕對比大聲斥責或是一味禁止他宣洩情緒來得容易讓人接受。可以拿起手邊能吸引注意力的物品或玩具逗弄孩子，或是帶他去看別的新奇事物，例如：路邊可愛的小狗、馬路上各式各樣的車等，先讓孩子冷靜下來。

如果還是無法冷靜下來就先離開現場，把孩子帶到店家外面或是人較少的樓梯間，溫和堅定地告訴他：「爸爸／媽媽知道你很傷心，但是你剛才在那裡大吵大鬧，是會影響到其他人的。」待情緒宣洩夠了，請孩子把眼淚擦乾，再告訴孩子：「你用尖叫／哭鬧的方式表達，爸爸媽媽聽不懂，請你用講的。」態度緩和，但一定要堅持，孩子才能明白你的教養立場，若父母也跟著一起情緒失控，那麼結果通常會演變成親子雙方對峙怒吼，孩子也永遠只懂得用尖叫或哭鬧來表達意見。

(2)引導孩子用正確的方式發洩。

最重要的還是要引導孩子用言語表達心裡的感受，比如：「媽媽知道你很開心，所以才會那樣大叫，但是你太大聲嚇到媽媽了。」讓孩子明白並學習控制音量的必要性。或許在寶寶還小時，因為興奮而尖叫，會有人覺得新鮮可愛，但時間一久，孩子習慣用尖叫宣洩感受，不但旁人聽了會覺得刺耳，孩子也會變得無法正確表達情緒和需求，這是會影響到他將來進入團體生活和同儕的相處的。

至於孩子用哭鬧的方式傳達需求，也要讓他知道凡事好好說才有用，並且示範給他看，可以告訴孩子：「你用哭的媽媽聽不懂，請你用講的，你要說，媽媽我肚子餓。」、「我知道你很想去玩，所以很生氣，但是現在下雨沒辦法出門，我們留在家玩積木也很開心。」溫和冷靜地重覆數次、示範給孩子聽，直到他的情緒恢復爲止。

別以爲孩子年紀小，聽不懂大人說的這些話。美國的科學家曾經做過研究，發現其實早在母親的肚子裡時，嬰兒就已經開始學習語言，並且具有從媽媽那裡學習和記憶基本語言聲音的能力。所以即使孩子還不會說話，父母也應該從嬰兒期開始就好好跟他們說話，這不但能讓孩子及早學習到「有事好好說」，對腦部發展也是很有幫助的。

(3)當孩子學會好好說話時，別忘了給予讚賞鼓勵。

當孩子在你們的引導下，逐漸學會用說話代替哭鬧尖叫表達意見時，別忘了讚揚孩子，具體地告訴孩子，他的哪些行爲讓爸爸媽媽感到很高興，比如：「你進步了耶！你會用講的告訴媽媽你想喝水。媽媽爲你的進步覺得好高興。」、「你沒有用哭鬧的方式就離開公園回家，爸爸覺得你好棒，你有沒有也覺得自己好棒？」當孩子受到鼓勵之後，他會更有動力去改變自己。

(4) 出門前約法三章，有效制止尖叫和哭鬧。

帶孩子出門前，不妨先告訴他今天的行程，會去哪些地方、有沒有要買玩具，然後約定好，如果出門後又因爲想買玩具哭鬧尖叫，爸爸媽媽會怎麼處理。假使接下來孩子真的又因爲不如他意開始尖叫哭鬧了，可以堅定溫和地提醒他：「出門前我們就說好了，今天沒有要買玩具／去溜滑梯，你記得嗎？」假使重覆幾次孩子仍舊情緒失控，就徹底執行出門前和孩子約定好的處理方式，比如：取消行程回家、取消晚上孩子最愛吃的甜點等。

最後要提醒你們的是，孩子之所以會恣意尖叫哭鬧，絕大部份的原因是父母根本沒有建立明確的教養規則，孩子不明白怎樣的行爲是不被允許的、應該怎麼正確表達意見想法，當然更學不會爲自己亂發脾氣的後果負起責任。所以要改掉孩子尖叫哭鬧的壞習慣前，爸爸媽媽要先學會控制自己的情緒，平靜溫和地告知孩子他應該怎麼做，這樣親子間的溝通才會有效。

孩子會頂嘴了，我該斥責糾正嗎？

君君從小就很會說話，剛滿週歲沒多久就「把拔馬麻」地直喊，聽得爸爸媽媽心花怒放，越來越會說話後更是動不動就把「阿公我最愛你了」、「阿嬤妳最好了」這類甜死人的話掛在嘴邊，長輩對她自然是疼愛有加。

大概也是因爲語言發展很快的關係，君君很早就開始把「不」字掛在嘴邊，要她洗澡、吃飯、睡覺，一律回答「不要」，再大一點更會說話了，意見也越來越多，吃飯要用指定的湯匙才肯吃、出門要穿指定的衣服或鞋子，如果不合她的意，就會大哭大鬧，吵得媽媽理智幾乎要斷線。

這陣子媽媽更發現五歲多的君君竟然會頂嘴了！

告訴她不可以喝太多飲料，卻換來一句：「爲什麼把拔可以我不行？」提醒她玩具玩完要收好，她卻不耐煩地回答：「知道啦！妳不要一直提醒我啦！」

種種的轉變都讓爸爸媽媽好煩惱，覺得君君不再是以前那個聽話可愛的乖寶寶了，甚至開始懷疑是不是夫妻倆的教育方式哪裡出了問題，為什麼孩子會變成這樣？

君君父母的煩惱，相信也是很多為人父母者教養孩子時會遇到的難題。當孩子越來越大，會越來越不願意聽父母的話，甚至用頂嘴、發脾氣的行為來表達自己的意見，親子間的衝突也因此越演越烈。但在你為孩子的頂嘴行為氣急敗壞前，一定要先明白，人的自我意識，其實早在兩三歲就萌芽了。從學會講「我」這一刻起，孩子就開始會表達自己獨特的思想，他們會體認到自己是獨立的個體，逐漸出現「我想」、「我要」的念頭，對許多事情也越來越有自己的見解，再加上語言能力的增長，自然不會再像嬰兒時期那樣，對爸爸媽媽的話照單全收。

所以孩子並不是故意和你作對，他們的頂嘴行為，其實代表著他們長大了，有自己的想法了，想透過反抗的行為告訴爸爸媽媽：「我不是小Ｂａｂｙ了，有些事情我也想自己做決定。」偏偏中國人傳統的育兒觀念永遠都是那句：「囝仔人有耳無嘴。」認為小孩子只要多說一句話，就是不乖，就是該罵。但是你知道嗎？美國曾經做過一項研究，將孩子分為「言聽計從」和「固執己見」兩組，三年後研究人員發現，言聽計從的孩子在面對不良誘惑時，比較容易受到誘惑和影響。這表示固執己見的孩子或許在教育時，必須花費比較大的耐心去溝通，但只要父母引導得當，讓孩子懂得以正確的方式表達自我意見，那麼孩子會頂嘴也未必是件壞事。

這樣看來，你還希望自己的孩子永遠不會頂嘴，對父母的意見永遠逆來順受嗎？

與其因為孩子頂嘴而大發雷霆，倒不如先了解，是不是由於以下這些原因造成孩子出現頂嘴的反抗行為：

自我意識的增長：隨著年齡增長，孩子越來越有自己的想法，自然也不願意事事聽從父母的決定。

測試大人底限：想藉由頂嘴這個反抗行爲，知道大人的反應會是什麼。

真的不滿大人的安排：對大人管教不公的抗議，比如：「爲什麼大人可以吃零食，我就不可以？」、「爲什麼弟弟可以玩玩具，我卻要寫功課？」

想引起大人注意：可能是孩子心裡有什麼問題，卻又不知該如何表達，所以藉由頂嘴的行爲反應內心的感受。

了解孩子頂嘴的原因後，父母可以試著這麼做：

(1)尊重孩子表達自我意願的想法。

父母一定要理解並接受，不管是年紀多大的孩子，一定都會有自己的意見和想法。這時候如果家長只是一味地指責孩子不該頂嘴，甚至禁止他表達意見，恐怕只會引起孩子更大的反感，倒不如靜下心來聽聽孩子想說什麼，親子雙方平和地找出彼此都能接受的解決方式。千萬不要擺出父母的架子，認爲「你是我生的，就該聽我的。」這只會加劇孩子的反抗行爲，長大之後離你們越來越遠。換個方式好好地告訴孩子：「你似乎有什麼話想跟我說，媽媽很想聽聽看。」

父母的尊重也會讓他們更願意坦誠心事，不再用頂嘴表達不滿。

(2)引導孩子用溝通代替頂嘴。

孩子想表達自己的意見是長大的證明，但做父母的也要讓孩子明白，爸爸媽媽很高興他長大了，但不代表說話的口氣可以不禮貌。可以冷靜溫和地告訴孩子：「你剛剛說的那些話讓我覺得很不舒服，我知道你是想告訴我你不高興。但如果爸爸/媽媽也用那樣的方式跟你講話，你是不是也會覺得不開心？」

有時候尊重和縱容只在一線間，如果父母親不讓孩子知道他說的話無禮且傷人，那麼他們會以爲這樣的說話方式是被允許的。表達完之後別忘了教導孩子，可以用什麼樣的方式和父母溝通。比如：「媽媽我想先休息十五分鐘再寫作業，可以嗎？」會比：「煩死了，我現在就是不想寫功課啦！」來得讓人容易接受。

(3)適時給孩子選擇及決定權。

孩子越大，越不可能對大人的安排和決定照單全收，如果父母親只是一味的要求孩子聽話，不允許他們有一點點自己的意見，那麼孩子反抗的情緒只會越來越高漲，頂嘴的行爲更不可能有所收斂。

所以家長也要學習在適當的時候，給孩子做決定的權利。比如天冷了想讓孩子穿外套，可以在出門前用徵詢的口氣問孩子：「你想穿紅色這件，還是黃色這件？」從小就讓他們有自己做決定的權利，再大一點就更能使用開放式的口氣跟孩子溝通。比如希望孩子整理房間，可以給他一個期限讓他自己決定何時收拾，「看起來你的房間需要整理了，你有想在哪天以前把它收拾乾淨嗎？」讓孩子自己跟父母溝通出一個彼此都能接受的解決方案，孩子也會感受到他在家裡是受到尊重的，而非永遠只能被迫聽命於大人，那麼他們自然也會學著尊重其他家人，用合宜的說話方式進行溝通。

最後一定要提醒為人父母的是，對孩子而言，身旁大人的身教言教最為重要，如果你們夫妻平時說話，就常常是：「這不干你的事」、「你管我這麼多幹嘛」這樣的口氣，要孩子如何學會用尊重有禮的方式跟父母親溝通呢？

孩子竟然說謊！我該揭穿處罰他嗎？

接近放學時分，欣儀正準備到學校去接女兒筱綺，還沒跨上摩托車，就在巷口遇到筱綺同學的媽媽。

「鄭太太，準備要去接筱綺啦？」

「是啊！時間差不多了。」欣儀像想到什麼似地突然間問：「陳太太，妳有聽你們家倫倫說，這次期中考的成績什麼時候公布嗎？」

「期中考成績？上禮拜就公布啦？妳不知道嗎？」倫倫媽媽很是詫異。

「上禮拜？真的假的？那筱綺怎麼告訴我還沒有公布成績？」

阿偉和小平兩兄弟在客廳玩，剛洗完碗的媽媽從廚房裡走出來，正要招呼兄弟倆來吃水果時，看到阿偉重重地推了弟弟一把，跌坐在地上的小平開始大哭。

「王立偉，你推弟弟做什麼？」媽媽氣得立刻質問阿偉。

「我沒有啊！是他自己不小心跌倒的。」

「還說沒有？我全都看到了，你推弟弟就算了，還對我說謊？」媽媽的火氣更大了！

當孩子開始出現說謊行爲的時候，身爲父母的你是什麼反應？是氣急敗壞地處罰責罵？還是抱怨自己教育失敗？

沒有人喜歡孩子用不誠實的方式和人溝通，但你相信嗎？說謊其實是人類求自保的生存本能。

曾經有心理學家指出，人類其實早在三、四歲就開始說謊了。只是這時期的幼兒，因爲正處於想像力快速發展的階段，對於幻想和真實世界還無法清楚區分，所以這個階段的說謊，大部份反應的是孩子虛實不分的心理狀態。

比如：明明沒有新玩具，但卻告訴同學爸爸新買的遙控車又酷又帥；又或者明明沒有出國玩過，卻告訴同學去過迪士尼，玩得很開心。

接下來隨著年齡越大，孩子越能分辨真實與虛幻的不同，說謊開始成爲一件有意識的事。孩子可能爲了讓自己不受責罰，或是擔心父母對自己失望，而選擇用謊言掩蓋事實，當然說謊的頻率也會增加。所以其實不是您的孩子長大變壞了，而是他們隨著年齡和心智的成熟，越來越懂得該怎麼說話才能規避處罰及維持自己的形象，這就像人類在遇到危險時，會本能地跳開迴避一樣。

所以在面對孩子的說謊行爲時，父母親與其責罵處罰，威脅孩子不准再說謊，不妨換個角度去處理問題；也就是讓孩子明白，即使他做錯事，爸爸媽媽也一樣很愛他，並且會陪伴他找到解決的方法，這樣孩子才敢鼓起勇氣對你們說真話。

可惜大部份的父母由於太擔心孩子說謊成性，所以一旦發現被欺騙，常常會火冒三丈地質問兼打罵，以爲這樣就能遏止類似的情況一再發生，但結果卻是孩子一而再再而三地撒謊。其實這不是因爲孩子不怕打不怕罵，而是造成他們說謊的原因，從頭到尾都沒有被解決。

那麼大概是哪些原因造成孩子說謊呢？

擔心被責罵和處罰：

沒有人喜歡做錯事被處罰的感覺，尤其是心智發育尚未成熟的孩子，在最在乎的父母面前，他們當然希望能維持住乖巧完美的形象。所以當孩子察覺自己做的事情可能會惹爸爸媽媽生氣，甚至遭到責罵處罰時，下意識地就會選擇說謊逃避。

孩子內心的某個慾望一直沒有被滿足：

這類原因大部份發生在學齡前的孩子身上。他們還無法完全分辨真實和幻想的世界，所以很容易把內心深處的渴望，編造成故事，雖然對孩子而言，他們會認爲自己說的事情真實存在，但在大人看來，孩子就是在說謊騙人。

再大一點的孩子，同樣也有可能因爲心裡一直有個願望沒有被滿足，但又不想在同儕面前失了面子，所以只能虛構故事企圖博得別人羨慕的眼光。比如和同學炫耀生日時收到豪華的模型玩具，但事實上卻什麼禮物也沒有。

曾因說實話受到責備處罰：

許多父母在詢問孩子事發經過時，總會附加一句：「你說實話，爸爸／媽媽不會生氣的。」

但當孩子承認犯錯時，又常會忍不住心中的怒火，免不了一頓打罵處罰，覺得這樣才算盡了管教的責任。但殊不知這樣的反應，只會讓孩子把說實話跟受處罰劃上等號，甚至不敢再相信父母，當然也越來越不敢坦誠，只能選擇說謊來保護自己。

父母曾在無意間教會孩子說謊：

仔細想想，在和孩子的相處過程中，你們是不是早就在無意間教會孩子說謊了？

比如：人明明在家，卻要孩子接到親友電話時，告訴對方爸爸媽媽不在。在孩子晚上不睡覺時，威脅恐嚇他們：「再不睡覺，我叫警察叔叔來抓你喔！」這些你們看來沒什麼的行爲，其實都是在灌輸孩子：「撒點小謊沒關係」的觀念。

千萬不要以爲孩子還小，在他們面前撒點小謊不算什麼。父母是孩子的一面鏡子，你們的一言一行都被他們看在眼裡，當作仿效的對象。

了解孩子說謊的原因後，就可以朝以下幾個方向著手改善孩子的言行：

(1) 參與孩子的想像但不鼓勵說謊行為

這個建議比較適合用在虛實不分的說謊情形上，家長不要急著指責孩子：「根本沒你講的那些事情啊！怎麼可以說謊？」而是要引導孩子去分辨想像和真實世界是有差別的。

比方知道孩子在告訴同學生日收到很酷的搖控車時，可以說：「你很想要一台又酷又帥的搖控車，所以告訴同學你有一台新的車對不對？」讓孩子知道他說的那些話，都是自己的想像，

引導他逐漸將想像用希望的方式表達出來。待孩子隨著年齡和認知能力的增長後，知道真實與想像是有區別的，就不會出現這類的言語。

(2)冷靜平和的引導孩子敍述事發的經過。

與其大發雷霆地責罵孩子爲什麼說謊，倒不如耐著性子引導他們將事發經過重述一遍，並且陪著他找到解決的方法。

例如：孩子怎麼樣都不肯承認自己動手推倒弟弟妹妹，而父母親又真的有看到時，可以試著說：「剛才媽媽有聽到你跟妹妹都很大聲地說話，好像在吵架，是不是有發生什麼讓你不愉快的事？」當孩子感受到你

們的重點是放在理解他的感受而非指責他說謊，他會比較容易敞開心胸說真話。

了解事發經過之後，就要陪著孩子一起找到解決方法，讓他明白下次再有類似的情況發生時，有沒有比跟弟弟妹妹吵架打架更好的處理方式。幾次下來孩子會逐漸知道，爸爸媽媽希望他說實話不是為了處罰他，而是希望了解他遭遇到什麼困難，並且幫助他找到解決之道。

(3)告知誠實的重要性，讚賞孩子說實話的勇氣。

孩子還小時，可以挑幾本和誠實、說謊等相關的繪本共讀，藉由說故事的方式灌輸他們誠實的重要性。再大一點的孩子，在平常生活相處時，就可以和他們討論相關的話題，父母親甚至可以分享自己小時候說謊的經驗。

例如：「那時候說謊讓我好緊張喔！好害怕被阿公阿嬤知道。」或是：「因為說謊的感覺真的很不好，所以我後來就不那樣做了。」不用擔心破壞你在孩子心目中的形象，這樣的經驗分享反而可以讓孩子覺得更貼近父母一點，相信父母是理解自己的，更有勇氣對你們說出真話。

要跟孩子強調的是，誠實面對問題和困難是勇敢的表現，爸爸媽媽都會以他爲榮，絕對不會因此苛責處罰。

所以當孩子鼓起勇氣說實話時，別忘了對他跨出的這一小步給予鼓勵和肯定，甚至謝謝他願意對爸爸媽媽坦誠。當孩子明白說實話爲自己帶來的不是責難處罰，而是引導他學會解決問題的能力，相信他會更樂於做一個誠實勇敢的人。

但這不代表孩子只要說實話，就不用對自己犯的錯負責任。如果孩子說謊沒寫功課或是因爲一時的慾望擅自拿了同學的東西，父母親在了解實情之後，絕對要和孩子一起討論出彌補的辦法，然後陪他一起解決。

(4)對孩子的承諾要說到做到

希望孩子不要對自己說謊，那麼父母親一定得先以身作則，答應過的事絕對要說到做到，因爲守信和誠實這兩項品格是相輔相成的。如果答應孩子的承諾臨時無法做到，也應該好好跟孩子說明原因，取得他們的諒解。這些大人看來沒什麼的小動作，其實是有助於建立孩子對「誠信」的重視的。

很多父母答應孩子的事臨時有了變動，卻礙於大人的自尊不肯和孩子道歉，更不知道自己這樣的作爲其實是變相地教導孩子：對於和別人的承諾，即使無法遵守也沒有關係。而一個對孩子總是出爾反爾，不重誠信的父母，又有什麼立場去要求孩子對自己誠實不得撒謊呢？

孩子跟我討玩具、要零用錢，我該答應嗎？

週休二日的午後，莉娟和老公帶著兩個孩子出門走走，街邊玩具店櫥窗裡琳琅滿目的玩具，馬上吸引了兄弟倆的目光，兩張小臉巴著玻璃窗怔怔地往裡頭瞧，一步也捨不得離開。

「哥，你看那台搖控車，超帥的耶！」

「那個變形金剛才酷咧！我同學那天才帶去學校炫耀，要是我也有一個就好了！」

莉娟看兩兄弟完全沒有要離開的意思，忍不住開口催促：「好啦！看夠久了，該走了吧？」

「再等一下下啦！」哥哥小傑一步也不想移動。

「媽，那台搖控車好帥喔！買給我好不好？」弟弟威威拉著莉娟的手撒嬌。

旁邊等著不耐煩的爸爸終於開口了：「好了啦！少跟媽媽說這些有的沒的，走了！走了！肚子餓死了。」

看到爸爸有點不高興了，兩個孩子只好心不甘情不願地跟著爸爸媽媽離開。

「媽，不然妳跟爸說，可不可以給我們零用錢？」走去餐廳的路上，小傑小小聲地跟莉娟說。

聽到小傑的要求，莉娟有點驚訝：「零用錢？你才小學一年級，學人家要零用錢做什麼？」

「好多同學都有耶！我也好想跟他們一樣，這樣想要什麼就可以自己買了。」

小傑的這番話讓莉娟更詫異了！沒想到現在的孩子這麼早就有零用

錢了，但是才小學一年級的孩子，真的明白要怎麼妥善運用金錢嗎？而孩子的要求，她又應該答應嗎？

孩子還小的時候，吃的、用的和穿的都會由父母張羅好，他們自然沒有機會了解金錢在日常生活中佔的比重以及應該如何使用。但隨著年齡越來越大，孩子對數字開始有概念了，逐漸會了解可以用錢換到想要的東西；也因爲年齡越來越大，孩子的慾望也會越來越多，還沒有賺錢能力的他們在看到喜歡的物品時，當然只能轉頭向父母親求助，但也因爲付出去的錢不是自己的，無論你費多少唇舌跟孩子解釋這樣的花費太高，他們恐怕也無法完全理解。

但如果要付出去的是自己的零用錢呢？情況可就大不相同了！

孩子會主動去計算付出去的錢有多少？花完這筆錢手頭還剩多少零用錢？所以如果父母親可以在能力範圍內，視孩子年齡給予適量的零用錢，不但可以讓孩子在支配零用錢的過程中學會對自己負責，也可以讓他們了解金錢得來不易，每一筆花費都應該謹慎思考後再決定。

有的父母會認為「孩子還小，哪懂怎麼用錢？要什麼東西我買就好。」也擔心孩子亂花錢，所以不敢把錢交到孩子手上，但這樣過度保護的方式，會讓孩子不知道東西的價格，花多少錢都不痛不癢；這會連帶影響他們的價值觀，不懂如何節制慾望、控制花費。想要避免養出卡債族、月光族，第一步就是教會孩子正確的金錢觀，從學習控管自己的零用錢著手，是很好的第一步。

但是孩子應該幾歲開始可以領零用錢？金額要給多少才恰當？要不要干涉孩子怎麼花用？這對爸爸媽媽來講，也是需要學習的課題。

(1)零用錢什麼時候開始給？應該給多少？

其實從孩子對數字和金錢有概念，會簡單的計算能力開始，家長就可以考慮視他們的年紀給予適量的零用錢。

至於應該給多少？則要視孩子的年齡和需求決定，像是國小學童可能都是由父母接送上下學，吃飯也都是在校或回家吃，額外的花費頂多只是下課時間買點心或文具，這個時期的零用錢只是初階讓孩子學習自己掌控金錢和支出，所以可以考慮以一天或一週爲單位，給予十到五十元不等的金額。

但從國中開始，孩子的生活型態就大不相同了，和父母的相處時間逐漸減少，開始有自己的交友圈和社交生活，用錢的需求度也會跟著增加。

這個階段建議家長可以和孩子一起計算討論，除了交通、餐費等固定開銷之外，應該再給予多少金額的零用錢供孩子自由運用。而在討論的過程中，不妨用簡明的方式讓孩子了解家中的經濟狀況，連帶讓他們明白什麼樣的花費在家中是可以被允許的。

畢竟孩子長大了，同儕的影響力量會漸漸超越父母，當他們在和同學討論自己的零用錢有多少時，難免會互相有比較心態，所以提早建立孩子「有多少錢做多少事」的正確概念是很重要的。

(2)和孩子共同制定零用錢發放的原則和規定。

設定好零用錢的額度後，便可以教導孩子記帳，讓他們把零用錢的去處和結餘記錄清楚，這不但有助於他們掌握金錢的流向，當有一天孩子提出零用錢不夠，希望增加時，父母親還可以依照帳本的紀錄，審視他們零用錢的使用是否恰當，該不該增加金額。

絕對不能孩子一提出增加零用錢的要求就答應，這只會讓他們覺得金錢唾手可得，養成「開口就有錢拿」的壞習慣。

然後告訴孩子，父母親對他花錢的大原則是什麼，哪些東西是不允許他買的，例如：垃圾食物、色情暴力書刊等。

零用錢多久發放一次、能不能預支，這些大原則擬定好了之後，父母親就要放手讓孩子自己管理，除了規定不能買的東西之外，不要干涉孩子怎麼使用零用錢。

而孩子年紀還小，控制慾望的能力仍然不足，所以一開始可能會有隨意亂買，甚至有不知道自己錢花到哪裡去的情形發生。父母親要有耐心地引導孩子，學習怎麼正確使用金錢，切莫因爲心疼被花掉的錢就怒罵孩子，也不能因爲孩子哀求就補發零用錢，平和堅定地告訴孩子：「花完了就要等到下一次發放的時候，才能再領零用錢。」這樣孩子才能學會爲自己的行爲負責任，日後要動用零用錢時也才會謹慎思考。

(3) 教會孩子正確使用金錢，「想要」和「需要」不一樣。

給孩子零用錢並不是要滿足他們的物質慾望，而是希望孩子在支配零用錢的過程裡，開始擁有自主權，並學著控制慾望，所以父母從旁的協助和教導也就格外重要。

首先得教會孩子區分「想要」和「需要」這兩者的不同，以選購文具爲例，他們是想買印有自己喜歡的卡通圖案，價格卻貴好幾十塊的，還是同樣功能沒有缺少，卻因外觀普通而便宜許多的呢？

在這樣的購買過程裡，家長可以帶領孩子一起思考，哪些東西是「需要」買的，哪些東西其實只是自己「想要」的；而什麼樣的花費又是家裡經濟狀況允許的，什麼樣的消費對家中的負擔是過重的。在孩子還小的時候就開始灌輸他們「有多少錢做多少事」的價值觀，自然不用太擔心孩子長大成為不切實際的卡債族。

至於想要的東西，可以讓孩子當成儲蓄的目標，鼓勵他們將壓歲錢或零用錢存下來，累積到足夠的金額去購買。甚至可以帶著孩子先做功課，將類似商品的價格、功能都做一番比較，藉機培養孩子懂得比價的消費習慣。但同時也要提醒孩子，辛苦存的錢只要花掉就沒有了，他是想繼續存下去呢？還是一存到足夠的錢就去買想要的東西？

盡了提醒的義務後就放手讓他去嘗試吧！靠自己的努力存下一筆錢購買夢寐以求的東西，對孩子來說，不但是很有成就感的人生體驗，也會讓他們更明白金錢得來不易的道理，更珍惜握在手裡的每一塊錢。

適當地讓孩子控管零用錢之外，正確培養金錢的價值觀也很重要，做家長的可以從以下幾個方向著手：

(1) 勿將金錢當成獎賞孩子的工具。

有的父母會告訴孩子：「如果你考一百分，我就給你多少錢。」、「幫忙做家事，這禮拜的零用錢可以多領一點喔！」

表面上看起來好像達到鼓勵的目的，孩子也會爲了得到獎金努力用功、分擔家務，得到短暫的成效。但他們卻忽略了這種獎賞的方式，其實變相在影響孩子的價值觀。

希望孩子認真念書不是應該激發他們的學習興趣嗎？如果以金錢當作誘因，那麼是不是沒有獎金制度，孩子就有可能不願意認真學習？而家事本來就是家中每一個人應該共同分擔的責任，如果讓孩子變得爲了賺錢而做家事，他們能明白分擔家務的意義，又能打從心底甘願去做嗎？

獎勵孩子的方式有很多，像是籌備一趟他期待已久的旅行、這個週末允許他多看一個喜歡的電視節目、飯後可以吃他最愛的甜點等。過度用物質或金錢去獎賞孩子，只會讓他們的「胃口」被越養越大，甚至變得沒有獎賞就不做事，容易對任何事都失去興趣，更會嚴重影響到孩子的金錢觀。

(2)從小培養儲蓄習慣，先存錢再花錢。

其實在孩子還很小的時候，父母就可以爲他準備一個小撲滿，教導他把過年領到的壓歲錢、長輩來訪給的紅包等存在裡面。再大一點上學了，就可以帶孩子到郵局或銀行開一個專屬自己的戶頭，把小撲滿的錢存到戶頭去，並且教會孩子怎麼看存褶上的數字。當存款金額越來越高時，孩子一定能慢慢體會到儲蓄帶來的成就感，逐漸建立他們「先存錢再花錢」的理財觀念。

從小就懂得用儲蓄爲自己累積財富的孩子，父母自然也無需太擔心他們長大後，因爲沒有金錢概念，總是衝動購物導致自己負債累累。

(3)父母以身作則，存錢花錢都要當好榜樣。

如果父母親在要求孩子存錢的同時，自己花錢卻是一點節制也沒有，家裡堆滿一堆衝動消費的商品，或是三不五時就在孩子面前刷信用卡超支消費，小小年紀的他們怎麼會懂得把錢存下來？很多父母嘴叨唸著孩子愛花錢，家裡的玩具、球鞋已經一堆還嫌不夠，殊不知其實是自己的消費習慣早在無形之中影響了孩子。

其實從孩子對數字有概念開始，爸爸媽媽就可以逐漸讓他們明白買什麼樣的東西，要付多少錢，而爸爸媽媽平常都是怎麼樣判斷，該買多少錢的東西。等孩子越來越大，家中有比較重大的支出時，也可以解釋給他們知道，爲什麼要花這麼大筆的金錢。沒必要有「我是父母耶！賺自己花的錢還要跟小孩報告嗎？」的想法，事實上，你的解釋有助於孩子建立正確的金錢觀，多費一點唇舌又何妨？

許多父母認爲孩子在求學階段最重要的就是念書，其他什麼都不用管，當然也包括他們還不會賺的「錢財」。但這些父母忽略的是，人的一生跟金錢完全脫離不了關係，及早學會理財，長大成人之後孩子才能對自己的生活做最妥善的安排，有一句話說：「你不理財，財不理你。」講得正是這個道理！

孩子和同學起了爭執，我該介入調解嗎？

放學時間，孩子們都迫不及待地背起書包準備回家，只有晴晴嘟起小嘴走向校門口，晴晴媽媽遠遠地就看見女兒板著一張臉。

「怎麼啦？一臉不開心的。」媽媽關心地問：「咦？小米呢？妳們今天放學怎麼沒有一起走？」

小米是晴晴在班上最要好的朋友，兩個小女生不管是上課還是放學，總是膩在一起。

聽到媽媽提起小米，晴晴悶了許久的情緒終於爆發！

「她最討厭了，我才不要跟她一起走呢！」晴晴氣呼呼地說完，不開心地撇過頭。

「怎麼啦？吵架啦？」

「我、再、也、不、要、跟、她、好、了！」晴晴大聲地宣布。

而媽媽只當小孩子鬧脾氣拌拌嘴，過兩天就沒事了。沒想到這兩個小女孩一吵就是好多天，原本每天都開開心心去上學的晴晴，竟也會開始鬧著說不想去上學。

當孩子越長越大，逐漸脫離父母進入學校的團體生活後，你除了有兒女成長的喜悅外，是不是也開始發現，從今而後要爲孩子憂心煩惱的瑣事好像也變得越來越多。對於個性外放衝動的孩子，擔心他在學校和同學處不好，成了大家口中的「小霸王」；太害羞內斂的，又煩惱他即使被欺負了，恐怕仍舊不敢說。尤其在這個少子化的社會，大部份的家庭都只生一個，這些獨生子女在家裡沒有和兄弟姐妹相處玩耍的經驗，就學後自然無法快速適應群體生活。

而當他們委屈地來找你哭訴，和同學發生不愉快時，做父母的究竟應該怎麼處理？是該替孩子討回公道？或是不當一回事地告訴孩子：「這有什麼好哭的？過幾天就好了啦！」

其實大人們不妨以平常心看待孩子間的爭吵，試想，年紀大上好幾倍的我們都會和朋友有意見不合的情況發生了，更何況是溝通能力尚未成熟的孩子們呢？有時候吵架也是一個學習的機會，讓小小年紀的他們明白原來不是每個人的想法都一樣的，他們得試著去面對和自己意見不同的人，自己去學著和對方取得共識。此時若大人太急著介入調解，等於是破壞了孩子學習處理衝突的大好時機。

因此在面對孩子間的紛爭時，身為父母的你要做的應該是：

(1)以同理心去感受孩子的想法，並引導孩子還原事發經過。

以大人的角度來看孩子間的紛爭，多半是無法理解甚至令人啼笑皆非。因此我們常聽到父母這樣對孩子說：「積木被同學推倒就被推倒啦！重蓋不就好了，這有什麼好生氣的？」或是：「人家又不是故意推你的，這樣也要發脾氣？」

而有的父母則是擔心寵壞孩子，所以一聽到孩子抱怨跟同學吵架了，總會下意識地指責：「一定是你先動手的對不對？不然人家沒事幹嘛打你？」這些話聽起來好像沒什麼不妥，但假使我們把角色對調一下，當你在公司和同事起衝突了，回到家裡又氣又傷心地和最親密的另一半抱怨，卻只換來對方幾句：「這種小事有什麼好吵的啊？」、「一定是你先做不好的，不然同事沒事幹嘛找你吵架？」這些話聽在你耳裡，是不是很傷人？

每個人在外受了委屈，第一個想要訴苦的對象，一定是最親密的家人。但如果訴苦完卻只聽到指責自己的負面言語，相信任誰也不會喜歡這種感覺。再者，不管是大人或是小孩，在聽到指責自己的話語時，一定會下意識地反駁或抗拒，這對於協助孩子處理與同學的紛爭，是一點幫助也沒有的。

所以在面對孩子生氣、傷心的情緒時，父母親要先站在他們的立場，理解他們的感受，比如：「積木被XX推倒了，你心裡一定既生氣又難過吧！」、「你對朋友一直都那麼體貼，今天你們吵架了，你心裡一定很不好過。」然後再引導孩子還原事發經過，了解一下爭執是怎麼發生的。

(2)用陪伴的方式給予建議，鼓勵孩子自己處理。

了解事發經過之後，爸爸媽媽不妨進一步和孩子討論，下一次如果有類似的狀況發生，有沒有其他更好的處理方式，像是：「下次如果他再把你的積木推倒，你除了生氣，還可以怎麼做？要不要試試請他跟你一起重新堆好？」也可以把自己小時候跟朋友吵架的經驗和孩子分享，告訴他爸爸媽媽在遇到同樣的情況時，是怎麼處理的。因為孩子們都喜歡聽父母小時侯的事，這樣的經驗分享不但能夠拉近你們親子的距離，孩子也比較容易把你給的建議聽進耳裡。

已經開始具備溝通能力的孩子，就要放手讓他們學著自己去處理與同伴間的爭執，而這些爭執當然也不會只出現一次。但如果孩子能在一次又一次的吵架當中，逐漸學會和他人溝通的技巧，以及如何面對跟自己意見不同的人，不也是很棒的成長體驗嗎？

如果在了解事發經過之後，知道孩子也有不對的地方，更要鼓勵他應該要有跟好朋友道歉的勇氣，並且讓他明白，真正的友誼是不會因為對方的無心之過受到影響的。

(3)家長應視爭執情況，決定是否適時介入。

雖然說孩子們起爭執時，家長過度地介入會讓他們喪失學習和同伴溝通相處的機會，但在某些時候，孩子還是需要家長適時地協助。像是：可能傷及對方的肢體攻擊，家長要當機立斷隔開雙方，保護孩子。或是協助兩邊的孩子建立不動手、不開口批評對方、不搶奪彼此玩具等的遊戲規則。

當孩子進入團體生活之前，父母親要先有一個認知，我們不可能保護孩子一輩子，尤其當他們從單純的家庭生活踏入校園生活之後，就等於要開始學習獨自面對許多事情。像是簡單的生活自理、人際相處等。所以當孩子和同學起爭執時，做父母的假使只一心想著如何替孩子討回公道，或替孩子向對方道歉挽回友誼，那麼日後孩子在團體生活裡遇到挫折，就會習慣性地依賴父母，自己反而越來越缺乏解決問題的能力。

所以下次當孩子又跟你哭訴和同學吵架時，記得先靜下心來陪他一起找到解決問題的方法，接下來的就放手交給孩子自己去處理吧！或許你會發現，他們比我們想像的更獨立、更勇敢喔！

手足間出現紛爭，我該如何平息調解？

晴空萬里的夏日午後，麗敏趁著好天氣帶兩個孩子到公園玩。

「一起玩，不准吵架喔！」麗敏叮嚀姐妹倆遵守遊戲規則，深怕兩人又玩到吵起來。

「好！」兩個孩子大聲回答後，立刻衝向溜滑梯。

麗敏就近坐在旁邊的椅子上，拿起剛在便利商店買來的咖啡品嚐，打算享受這難得的安靜時光。

過沒幾分鐘吧！妹妹小欣就淚眼汪汪地跑過來告狀：「馬麻，姐姐搶我的盪鞦韆啦！她最討厭了！」

「又來了！」麗敏在心裡暗喊不妙，姐妹倆又吵起來了！

「剛不是才說不要吵架的嗎?怎麼又吵了呢?」

「又不是我要吵,是姐姐搶我的盪鞦韆嘛!明明是我先看到的,要過去坐的時候她就搶走了!」小欣越講越傷心,眼淚也跟著流了下來,最後索性大哭起來。

「愛哭鬼,就知道妳又跑來告狀,盪鞦韆又不是妳一個人的!」聽到妹妹的哭聲,姐姐小雅不高興地走過來反駁。

「小雅,妳怎麼這樣講自己的妹妹呢?」麗敏提醒姐姐說話的禮貌。

聽到媽媽指責自己,小雅更不高興了:「本來就是啊!公園的東西是大家一起玩的耶!誰說妳先看到就要先讓妳玩?」

「我只是跑得比妳慢啊!快要坐到盪鞦韆的時候,就被妳搶走了嘛!」小欣抽抽噎噎地回答。

眼見姐妹倆的爭執聲越來越大,麗敏真覺得丟臉死了!

「好了啦!這有什麼好吵的啊?全公園的人都在看妳們了!」麗敏

越講越氣：「在家也吵，出門也吵，妳們不累嗎？兩個人都回家，什麼都沒得玩，我看妳們還吵不吵！」

相信只要是兩個孩子以上的家庭，都很常面臨這樣的狀況吧！不管是在家或出門，孩子們總是找得到「理由」可以吵，搶玩具、爭電視、氣對方說話不禮貌等，每一件在大人看來微乎其微的小事，孩子們都可以吵得像世界末日來臨一樣嚴重，再加上他們高分貝的爭吵尖叫聲，教父母真的很難聽了不動怒。

於是常常發生的狀況就是，孩子們越吵越大聲，父母親也越聽越生氣，最後氣沖沖地怒吼「閉嘴」、「再吵我就兩個都打。」然後孩子的紛爭不但沒有被化解，手足間的爭吵反而還擴大演變成親子間的不愉快。原本預想有兩個以上孩子的狀況是，他們從此有了伴，可以自己玩在一起，爸爸媽媽也就可以輕鬆一點；沒想到實際狀況卻是，你們夫妻倆常常爲了排解他們手足間的紛爭，弄得一個頭兩個大，攤手不管怕孩子越吵越兇，甚至大打出手，介入調解又擔心處理不好有失公允，真的是傷透爸爸媽媽的腦筋了！

不可否認的，手足關係絕對是繼親子關係之後，對孩子人生影響最深遠的，也因爲這段關係是一輩子的，所以他們畢生都要學習如何相處協調。當然在這個過程當中，難免會因爲彼此的想法、意見不合發生爭吵，但爸爸媽媽不妨以正面的態度，看待孩子間大大小小的爭吵。

從擁有兄弟姐妹的那一刻起，孩子就已經踏出學習分享的第一步，也因爲發生爭吵所以得學會妥協、退讓或是堅持己見，這種種的經驗，更有助於孩子們長大後進入校園或社會，面對更複雜的人際關係。

所以在面對家中的手足戰爭時，爸爸媽媽不妨試著這麼處理：

(1)不過度介入，讓孩子自己討論出解決辦法。

大部份的父母爲了平息家裡的爭執，常會急著介入爲雙方仲裁，立即地判定誰對誰錯，然後要求做錯的一方道歉，但這樣的處理方式反而會讓孩子認爲，爸爸媽媽總是在替對方辯護，而心存不滿。也因爲爸爸媽媽每次都會介入處理，遇到意見不和的狀況，孩子就會習慣開口要父母來解決，這不但讓他們喪失了自己處理問題的機會，時間一久，孩子間的吵架會漸漸變得只是爲了跟父母告狀，然後等著看自己是不是被判定對的那一方。

不過當吵得太過激烈，甚至有動手傷害對方的情況發生時，家長就應該介入，隔開爭吵的雙方。讓孩子明白「動手打人就是不對」。務必要再三強調，爸爸媽媽指正甚至處罰的是「打人」這種行爲，而非因爲他「打了兄弟／姐妹」，否則孩子會誤以爲自己是因爲手足的關係遭受處罰，恐怕會加深內心的不滿。

假使不管孩子怎麼吵怎麼打，爸爸媽媽都假裝沒看見，完全不予理會，這樣的處理方式也算是一種逃避，孩子會認爲「反正我們做什麼、吵什麼，爸爸媽媽一點都不關心。」

所以家中的手足戰爭，不只能讓孩子們學會相互協調退讓，對父母而言也是一種學習機會。

(2)不要偏袒先來告狀的那一方。

有的孩子一和兄弟姐妹發生不愉快，就習慣性地跑到爸媽面前告狀，期盼父母替自己伸張正義，如果恰巧告狀的那一方又是年齡比較小的孩子，爸爸媽媽很容易下意識地認爲大的在欺負小的，然後開口責備較年長的孩子。

這樣的處理模式，只會讓愛告狀的孩子一遇到挫折就回頭找爸爸媽媽求救；而老是被告狀的其他孩子呢？會越來越無法接受愛告狀的手足，也因爲「反正每次被罵的都是我，爸爸媽媽只會覺得我不對。」而越來越不信任父母。

所以在面對孩子的告狀時，不妨改成告訴他：「爸爸／媽媽相信你們可以自己解決，三十分鐘後再跟我分享你們最後是怎麼處理的。」把孩子的問題丟回去給他們，幾次下來孩子就會知道，吵架跟爸媽告狀是一點用處也沒有的，他們必須學著協調出雙方都能接受的方式。

(3)和孩子共同制定遊戲規則。

其實孩子吵架的原因很簡單，不外乎就是「爭」，爭想要的玩具、爭父母的關心、爭「爲什麼他有我沒有」的不公平感。所以爸爸媽媽絕對有必要，協助孩子們共同制定雙方都認可的遊戲規則，比如：不動手、不搶玩具、不惡意批評等，以及不遵守協議的下場。

制定規則之後，雙方就要共同遵守，如果仍舊爭執不下，誰也不肯讓步，家長就要適時介入。以搶玩具爲例，假使孩子們爭了一段時間還沒有結果，只是不斷相互辱罵，甚至動手攻擊對方，家長可以溫和堅定地告訴孩子：「既然這個玩具讓你們兩個都不開心，那媽媽只好先把它收起來。」孩子們便會了解，爭吵是沒用的，他們得自己協調出解決辦法，才能玩到彼此都想玩的玩具

(4)訓練孩子學習「等待」和「輪流」。

有的父母為了避免孩子發生爭執，所以玩具或文具等物品都會準備兩份。但這樣一來，反而讓孩子錯失學習相互調解、退讓的機會，日後在遇到意見不和的狀況時，他們會完全不知道該怎麼處理，只懂得哭鬧和搶奪，這會使得孩子將來要花加倍的時間，才能適應必須與他人分享和協調的團體生活。

曾有研究顯示，願意等待的孩子通常擁有比較好的社會適應能力，挫折忍受度也比較高。所以父母親應該試著讓孩子學習「等待」和「輪流」，也就是家裡有些物品只買一個，這會迫使孩子們不得不在一次次的爭執中，自己溝通協調使用的頻率和時間，減少無謂的爭吵和哭鬧。隔一陣子後，相信你會發現，孩子越來越懂得怎麼和兄弟姐妹「好好說」了。

(5)不要讓孩子彼此競爭。

手足間本來就會因為和父母爭愛，而產生非常微妙又充滿矛盾的關係。如果在日常相處時，爸爸媽媽還不時營造出讓孩子們相互競爭的機會和氛圍，那恐怕只會讓他們更敵視對方，甚至誤以爲勝利者才能獲得父母的愛。真的遇到雙方意見不和時，孩子也會習慣用「爭」來解決問題，關係越來越對立。

(6)父母善用小技巧為手足感情增溫。

要想減少手足間的紛爭，最直接有效的方法，無非是讓孩子的感情融洽。而手足的感情好不好，絕對跟父母的教養方式有密不可分的關係。所以平時說話時，爸爸媽媽可以善用一些小技巧，讓孩子感受到手足對他的重視和愛，比如：「哇！哥哥把最喜歡的積木借給妹妹玩耶！哥哥對妳真好！媽媽真羨慕妳有這麼好的哥哥！」或是：「你這麼愛弟弟，爸爸相信你一定不是故意打到他的，你現在一定也很難過，對不對？」

製造讓孩子共同合作的機會，也是不錯的方法，比如：一起打掃、共同完成一幅畫。也可以在玩遊戲時，設計爸爸媽媽是一隊，孩子們是一隊，讓他們在「打敗」父母的遊戲過程中，培養出相互合作的默契和感情。

美國曾經有份心理期刊的研究指出：若一個人在二十歲之前與手足相處不好，通常到了五十歲左右，便會容易出現沮喪的情況。

由此可見，手足關係對一個人的影響，是十分深遠的。而在孩子間產生衝突時，父母親的處理態度更是扮演著重要關鍵的角色，只要能處理得當，相信您的孩子即使時常吵架，也會在心中認爲：有手足能夠爭吵，其實是非常幸福的一件事呢！

孩子說我偏心，我該怎麼辦？

晚餐過後，淑英在廚房切水果，兩個孩子興高采烈地把各自的玩具火車搬到客廳玩，才過沒幾分鐘，在廚房的淑英就聽到兄妹倆吵架的聲音。

「拿來，這是我的！」

「明明是我拿到的！給我！」

「討厭鬼！還給我啦！」

「你才討厭，最小氣了，一點也不懂得分享！」

眼見吵鬧聲越來越大，而同樣在客廳的老公卻一點也沒有要排解的意思，淑英只好無奈地放下手邊的工作，走向客廳。

「又怎麼了？你們兩個就不能好好玩嗎？每天吵，煩死了！」

看到媽媽走過來，妹妹小敏立刻委屈地訴苦：「馬麻，人家想玩那台火車，葛格都不給我！」

「凱凱，你是哥哥，怎麼這麼小氣呢？」

玩具被妹妹搶走已經夠不開心了，現在還聽到媽媽說自己小氣，凱凱心中的怒氣瞬間爆發！

「剛才是她問都不問就拿走我的東西耶！你們不罵她就算了，還說我小氣，太不公平了吧！」

在一旁沉默已久的老公此時發出聲音了：「什麼叫不公平？你年紀比妹妹大，跟她爭玩具，以大欺小，這就公平嗎？」

「你們每次都這樣！一吵架就說她年紀小，說她不懂事，她都七歲了，哪裡年紀小啊？我當老大就該倒楣嗎？」想到每次和妹妹吵架，挨罵的總是自己，凱凱越講越不開心，聲音也哽咽起來。

「有什麼好哭的？你是男孩子耶！這種小事也要哭！」

「偏心！偏心！你們最偏心了啦！」凱凱不滿的情緒到達最高點：「不管發生什麼事都只幫她講話，不、公、平！」

「偏心」、「不公平」，這大概是有手足的孩子們最常對父母表達的不滿和抱怨，而做父母的應該也很納悶，明明已經很盡力去做到公平了，爲什麼還是常聽到孩子的抗議聲。

要知道孩子的心思是很敏感纖細的，尤其在面對最愛的父母時，在他們小小的心裡，都希望自己能得到最多的愛和關懷，所以小至爸爸媽媽先叫誰的名字、先牽誰的手，大至誰最常被稱讚、吵架時爸媽都替誰說話，上述這些大人看來沒什麼的小事，孩子都很看重；甚至會認爲這些行爲代表著父母的愛，只要有一點點被忽略，他們都會擔憂自己是不是失寵了，更可能因此對手足產生嫉妒的情緒。

美國康乃爾大學曾經做過一項關於父母偏心的研究，結果顯示孩子如果長期感受到父母偏心，不但會產生自卑和焦慮的情緒，一直到他們長大成人之後，仍舊很難擺脫成長過程中，因為父母偏心所帶來的負面影響。而對較受寵的孩子而言，則可能因為父母偏執的愛，養成他們傲慢、自私的性格。可見父母的偏心，對所有子女都會造成一定程度的影響和傷害。

而當孩子懂得對著你喊「偏心、不公平」的同時，也代表他們開始有能力去判斷更多的情況，逐漸明白什麼樣的分配才叫公平，爸爸媽媽與其斥責孩子愛計較，不如藉機引導他們學習如何辨識差異、平均分配物品。再說，這些偏心、不公平的吶喊聲背後，多少也隱藏著他們希望父母多注意一下自己的心情，所以爸爸媽媽如何回應處理，自然就顯得格外重要了！

所以下次聽到孩子抱怨爸媽偏心和不公平時，不妨換個方式回應他：

(1)別急著責備，先傾聽孩子的心聲。

大部份的父母，聽到孩子抱怨偏心時，不是急著否認就是不以為然地責怪孩子：「這麼愛計較幹嘛！」但是你知道嗎？其實有時候孩子抱怨

「爲什麼他有，我沒有？」，並不是真的想要和兄弟姐妹擁有一樣的東西，他只是想藉由父母的回應，確認自己獲得的愛和其他手足是一樣多的。

所以與其想方設法和孩子辯論偏心與否的問題，倒不如靜下心來詢問：「爸爸媽媽很想知道，你爲什麼會有這種感覺？」鼓勵他把心裡的想法說出來，不要還沒聽完就急著打斷，更不要有類似：「那是因爲弟弟比較小，所以需要爸媽幫忙，你是哥哥，要懂事一點啊！」這樣的話出現。孩子感覺到父母比較偏愛其他手足已經夠難受了，假使再聽到這種回答，心裡只會更委屈。相反地，如果爸爸媽媽是告訴自己：「原來是這樣啊！那爸爸／媽媽以後會多注意！」、「原來這樣讓你不好受，那爸媽知道了。」那麼孩子會因爲感覺被認同，對父母更加信任。

(2) 注意小細節，盡可能做到公平。

明白孩子在意的點之後，爸爸媽媽就要提醒自己盡量做到公平。比如在跟孩子說話時，有時候先叫哥哥再叫妹妹、有時候先叫妹妹再叫哥哥。或許你會覺得不可思議，只是先叫誰，有這麼需要注意嗎？但孩子在意的，確實就是這麼細微的小事。

讚美的時候，當然也要提醒自己，不能只獨厚其中一個孩子。天底下再沒有什麼比父母的讚美，更能給予孩子信心和勇氣了，而父母如果總是只讚美其中一個，必定會引起其他孩子的不滿，甚至產生妒意；所以在讚美孩子時，不要忘了顧及其他手足的感受，可以試著在讚美時引導孩子看見他們彼此間的友好關係，比如：「哥哥真好！會教弟弟怎麼拼火車軌道。」、「妹妹好貼心喔！會把自己畫的畫送給姐姐當禮物耶！」

(3)不以既定印象教育孩子。

很多父母在教育孩子時，會不自覺地以既定印象教導孩子，像是：「大的一定要讓小的」，如果大的因此表達抗議，可能還會招來責怪，例如：「你是哥哥／姐姐，怎麼這麼小氣啊？」但是一味地要求哥哥姐姐禮讓弟弟妹妹，就能解決手足間的紛爭嗎？

不要認為哥哥姐姐已經長大懂事了，凡事就應該禮讓，這只會使得一直被要求退讓的孩子感到不公平，更加深對弟弟妹妹的不滿。而長時間下來，小的也會認為：「不管做什麼事，哥哥姐姐都會讓我！」那麼孩子永遠學不會如何分辨事情的對錯，更認定父母就是不公平。

也有父母會因為孩子的性別不同，而有差別待遇。像是重男輕女地認為：「男生不用做家事。」或是男女有別地要求兒子：「妹妹是女生，你是男生，應該大方一點啊！跟妹妹搶東西做什麼？」這些父母認為理所當然的教養原則，其實都是沒有道理且沒有公平可言的。而孩子長期受到這種不平等的待遇，怎麼能不抱怨父母偏心呢？

(4)誰有錯就罰誰，絕不連帶處罰。

有的父母為了讓孩子相互監督，所以採取「一人犯錯全體受罰」的連坐法。認為這樣會讓孩子們因為不想受罰，而相互提醒彼此不要犯錯，孩子間的感情可能會因此更加凝聚團結。

但這樣的處罰方式，本來就存在著不公平，沒做錯事的人，爲什麼要接受處罰呢？而沒有犯錯的孩子更可能因爲受到牽連，埋怨責怪害他受罰的手足。「都是弟弟害的！」、「不公平，又不是我的錯，爲什麼我要被處罰？」這種不平的感覺會一直深植在孩子心中，也更加認定父母就是偏心。

這種只會造成手足嫌隙和埋怨父母不公平的連坐法，又何必讓它在你家裡實行呢？

(5)引導孩子說出心中對公平的想法。

當孩子開始抱怨不公平時，也代表他們逐漸長大懂事，所以父母可以試著引導孩子，說說心裡認爲父母應該怎麼做才叫公平，或許真的能從孩子的回答中，審視自己的教養方式是不是有需要改進的地方。

除此之外，也可以明白告訴孩子，有的時候並不是爸媽差別待遇，而是因爲他們的個性喜好不同，所以爸爸媽媽給予的照顧會有所調整，但給他們的愛，絕對都是一樣的！像是：「哥哥喜歡吃巧克力，所以他才會拿了兩條。你上次有說巧克力太甜不喜歡，所以媽媽買的數量不多，讓你現在覺得不夠吃，下次我會注意。」孩子感覺到自己不滿的情緒被重視了，心裡自然會好過許多。

其實孩子之所以會認爲父母不公平，背後隱藏的意義是：害怕爸爸媽媽把愛全給了其他手足。如果父母能夠理性正面地看待這些情緒，或許就比較能理解，爲什麼孩子會有這樣的反應，也比較能夠站在他們的立場去解決問題，而非流於情緒化地指責孩子愛計較、不懂友愛兄弟姐妹等。當孩子感受到父母的愛和重視後，自然而然就比較不會因爲擔憂失寵，而頻頻抱怨父母偏心。

沒有人生來就懂得怎麼當父母，每個人都是在迎接孩子出生之後，在爲人父母的這條路上一點一滴慢慢學習成長的。當然每個家庭會因爲孩子天生的氣質及個性不同，各有各要解決面對的教養問題。但只要做父母的肯停下腳步，傾聽孩子的心聲，用讚美鼓勵代替責備羞辱，孩子自然會感受到爸爸媽媽的用心和關愛，才會願意敞開心胸，接受你們走進他的內心世界。越來越了解孩子之後，你也會發現，教養其實沒有想像中的那麼難，端看做父母的願不願意花時間和精力去找出解決之道罷了！

Chapter.3

兩人世界變三人世界，夫妻相處需智慧

一個新生命的到來，一開始一定會帶給爸爸媽媽無比的喜悅和感動。但隨著孩子呱呱墜地，迎接新生兒的喜悅過去，各種現實的考驗也跟著接踵而來，照顧小寶寶日夜顛倒的體力耗損、孩子哭鬧不休的耐性考驗、養兒育女的經濟負擔、孩子的教養難題，各個階段都考驗著新手爸媽的智慧。

孩子出生之前，走在路上你們總是可以將彼此牽得牢牢的，每天多的是時間，分享彼此工作和生活上的喜怒哀樂。多了孩子之後呢？牽的是孩子的手，聊天的話題也逐漸變成只繞著孩子打轉，每天下班回到家，關心完孩子在家有沒有搗蛋、在學校表現的怎麼樣後，一天也就過了，幾乎要忘記上一次只有夫妻兩人好好說話是什麼時候了。

曾有調查顯示，夫妻離婚率最高的階段，就是婚後一到五年，也就是大部份夫妻晉升爲新手父母的這幾年內。可見得當兩人世界成爲三人世界之後，新手父母們肩負多大的壓力和責任了。

再加上孩子出生之後，夫妻雙方因爲太聚焦在如何當好父母這件事上，的確有可能逐漸忘記，即使當了父母，也不能忘了顧及另一半的情緒和感受。也難怪不少新手父母會感嘆，多了孩子不但打亂夫妻倆原本已經磨合好的生活節奏，兩人世界成了三人世界之後的轉變和考驗，更教他們感到無所適從，甚至會反問自己，當初渴望擁有孩子的心情和期盼到哪裡去了？

只是多一個孩子，考驗怎麼這麼多？

得知懷孕的那一刻，相信你們夫妻倆一定是滿懷喜悅，滿心期待寶寶加入你們的生活。但當寶寶真的出生以後，二十四小時幾乎不能中斷的育兒模式啓動，夫妻倆光是應付懷裡那個日夜顛倒的小惡魔就夠折騰人了，而生理心理雙重的疲勞，更可能讓彼此都心浮氣躁。這時候如果對方有一點點不合己意的言行舉止出現，就很容易引發爭執，讓原本就已經很辛苦的育兒生活，更顯得窒礙難行。

而許多太太在升格當媽媽以後，生活大部份的重心都移轉到孩子身上了。被冷落的丈夫自然會認爲妻子在當了母親之後，只在意孩子好不好，這時候如果又因爲照顧孩子不夠仔細，遭到妻子指正責備，那麼身爲爸爸的丈夫會因此一點成就感也沒有，不太敢再主動參與家務；久而久之妻子則會認爲另一半只顧自己的心情，完全不懂得扛起做爸爸應負的責任，原本想像孩子出生之後，一家大小和樂融融的畫面不但沒實現，夫妻倆反而還因爲多了孩子而更常爭執，搞得雙方疲憊不堪。

英國曾經做過一項調查，結果顯示新手父母一星期平均會吵三次以上的架，比沒孩子時多了四成，而吵架內容多是一些雞毛蒜皮的小事，像是該換誰餵奶了、孩子哭了該換誰哄，可見當懷孕及迎接新生兒的蜜月期過去，夫妻之間真正的考驗才算開始。

(1)育兒工作多，如何分攤是考驗。

沒有實際照顧過小孩的人，絕對無法想像這是一件多麼耗費體力和耐力的任務。更讓人挫折的是，工作上的事再怎麼棘手，只要你全力以赴，花點時間去解決，多少都能收得成效，獲得令人滿意的結果，但照顧孩子就完全不是這麼回事了！

即使你花了一整夜的時間哄騙，寶寶說不睡就是不睡，甚至可以哭上好幾個小時。而育兒工作的繁瑣累人、孩子鬧起情緒來的不受控制，更是讓許多父母幾乎要舉雙手投降，可以說是絕大部份的父母都贊同，帶小孩絕對比上班累！這時候如果夫妻雙方在家中的分工沒有達成共識，大部份的家務和育兒工作，總是落在其中一方身上，或是夫妻兩人永遠都在計較誰比較累、誰照顧孩子的時間比較長，那麼你們因為孩子所衍生出來的爭吵，恐怕只會沒完沒了。

可惜的是，台灣男性受中國自古以來「男主外，女主內。」的觀念影響，認為父親的責任大多在賺錢養家，家務和教養孩子就應該由母親來負責。有的媽媽則是用傳統家庭的思維來分工，將爸爸塑造成管教時的恐嚇對象，在孩子哭鬧或耍賴時，說出：「晚上爸爸回來你就慘了。」、「飯不吃完，我等等打電話叫爸爸罵你！」這只會讓孩子越來越害怕爸爸，親子之間更不可能建立親密的關係。

這些爸爸媽媽都忽略了，不管是不是雙薪家庭，孩子的主要照顧者是否為母親，家庭和孩子都是夫妻兩人共有的，所以雙方都應該主動分擔家務和參與育兒工作。

不過有一種狀況，是先生並非不願意分擔家務，而是他擔心無法勝任太太交付的工作，所以當妳聽到老公說：「我不知道要怎麼跟孩子玩。」時，先別急著對他發脾氣，這句話背後隱藏的，可能是老公對於父親這個角色，懷著不安和恐懼。不可否認媽媽因為與生俱來的母性，在照顧孩子這件事上，確實比爸爸來得有天份許多。所以有很多媽媽因為擔心另一半做不好，不敢放手將孩子交給爸爸，不是將育兒大小事都攬在自己身上，就是在爸爸照顧孩子時，緊迫盯人地站旁邊叨唸：「你這樣洗頭，他會不舒服。」、「可以不要這樣跟小孩講話嗎？會教壞他。」、「你尿布怎麼又包錯邊了？不是教好幾次了嗎？」

這不但剝奪了爸爸照顧孩子的權利，也在不知不覺中將丈夫排除在家庭照護圈之外。而類似的話聽久了，這些爸爸會對家務和照顧孩子失去信心，也會覺得太太在當了媽媽之後，只在意跟孩子相關的事，自己在家中一點地位也沒有，長期被冷落的結果，就是這些爸爸對家庭越來越沒有參與感，夫妻和親子關係越來越淡薄。

有研究顯示，父親若能積極參與育兒工作，不但對親子雙方都好，孩子的表達能力、社交能力等發展，都會領先同儕二至六個月。而先生積極參與育兒過程，也會讓太太感受到被關愛，所以在分配家務時，不妨固定將一些事情交給爸爸去做，像是：替孩子洗澡、陪孩子騎腳踏車、教孩子學會游泳等。不但能夠建立丈夫照顧孩子的自信，也能增進親子和夫妻關係的和諧。

如果丈夫照顧的方法不對，也不必急著糾正他，相信任誰也不喜歡在辛苦照顧孩子之後，還要承受責怪和指正。建議媽媽們對一些小事的標準放寬一些，孩子衣服有點髒、尿布包得有點歪，都不會影響到他們的健康和成長，又何必為了這種小事叨唸另一半，搞得雙方都不開心呢？

除了家務合理分工，升格為父母之後，寶貴的私人時間也很重要。不管是爸爸或媽媽，肯定都需要在家庭和工作中，找到自己和另一半的喘息空間。即使只是三十分鐘的泡澡時間、和好友的一頓餐聚，在這段時間裡，暫時擺脫工作或育兒的煩惱，讓自己開開心心地享受「假單身」的快樂，一定能讓你們夫妻雙方在充飽電後，更有力量面對未來生活的挑戰！

想合理分擔家務和育兒工作，不妨這麼做：

夫妻雙方坐下來討論，將彼此擅長和適合的家務平均分工。

避免讓爸爸成為教養孩子時的恐嚇對象。

媽媽適度放寬標準，夫妻雙方都輕鬆。

多給另一半口頭鼓勵和稱讚，她／他會更有信心擔任父母的角色。

輪流讓彼此有單身時間，徹底放鬆休息。

(2)經濟負擔變重了，收支如何平衡是考驗。

爲人父母辛苦的，不是只有照顧孩子所要付出的心力，最實際也最叫人喘不過氣的重責大任，就是負擔孩子從呱呱墜地到長大成人的經濟負擔。沒有孩子之前，你和另一半辛苦賺的錢，幾乎全都花在自己身上，花錢只求自己開心。假日一到，更是急著吃頓好料或買個東西犒賞自己，但在孩子出生之後，就完全不一樣了！

你開始捨不得花錢在自己身上，因爲光是基本的尿布、奶粉、自費預防針等開銷，薪水就去了一大半。即使要買東西，購物清單上列的也幾乎全是孩子的必需品。自己可以省一點、少買一點，但跟孩子有關的花費，卻是一點也不能省。學齡前的孩子花費還算單純，當孩子漸漸長大開始上學後，每年動輒數十萬的教育費、才藝費，才真的會壓得父母們喘不過氣來。這也難怪近幾年來台灣的生育率屢創新低，年輕一輩的夫妻，光看新聞報導養育孩子到長大成人的花費，十對應該就有九對不敢生育了。

不可否認的，多了孩子，花費一定會增加。但也是因爲這樣，夫妻雙方不得不仔細衡量與計算金錢應該怎麼支配，人生目標更因此有了轉變，過去你可能只顧自己吃喝玩樂就好，賺的錢全都用來滿足自己的慾望。但孩子出生之後，為人父母的天性，會讓你心甘情願地把錢投資在孩子身上，恨不得把這世上最好的東西都給他們，大概也是因為這樣的心態，爸爸媽媽們肩上扛的經濟重擔才會一代比一代重。

只是，為人父母真的得像新聞報導裡說的那樣，沒存個百萬千萬，別想養小孩嗎？以普通上班族永遠追不上物價飛漲速度的薪水，在有了孩子之後，究竟要如何將家中的收支做最妥善合適的分配及調整呢？

記帳絕對是理財最簡單也最必要的第一步，將家中每年的固定必要支出先計算一下，例如：房貸、保險、各項稅金等，先算出每年要繳的金額總和，然後以一年十二個月平均分攤，就可以算出來每個月必須存下的金額是多少，扣除掉必要開支的預備金，剩下的錢才是可供動用的。

計算出每個月能動用的金額之後，下一步就是要設定每週的開支目標。夫妻雙方可以將日常生活中食衣住行等花費做個簡單的審視，如果統計下來，這些基本開銷的金額就已經超出可供使用的金額，那就表示家庭的收支狀況有必要做調整。或許是外食或聚餐次數太過頻繁、或許是非必需的購物金額太過龐大、又或許是出門遊玩的娛樂花費超出能力範圍，不管是什麼樣的原因造成收支不平衡，絕對都要強迫自己克制慾望、調整開支，否則長年下來家中入不敷出的狀況只會越來越嚴重。

檢視收支狀況的同時，也要懂得聰明「節流」，將手邊每一塊錢的效用發揮到最大。

首先，親朋好友的恩典牌嬰兒用品和衣物，就不要客氣地收下它吧！如果真的沒有免費的二手用品能接收，也不需要每樣東西都花大錢買新品，在這個網路世代中別忘了善用網路資源，上拍賣網站或在臉書社團貼文徵求，很快就能用比市價便宜好幾成的價錢，買到品質同樣的東西。購買之前也別忘了多比價，這種不嫌麻煩的小動作，可以讓你省下好幾千元，甚至好幾萬元。

如果有計畫生兩個孩子，那麼衣物或用品可以挑選比較中性的顏色款式，老大穿完老二同樣可以穿，即環保又省錢。也不需要爲了所謂的面子問題，認爲孩子吃的用的穿的，一定非要名牌不可。不衡量自己的經濟狀況，只一味崇尚名牌婦嬰用品的下場，就是你們怎麼賺都不夠花，家庭的收支怎麼樣也無法平衡。

此外，相信很多父母都有這樣的經驗：寶寶出生之後，前來探訪的親友一定也會帶來新生兒用品表達祝賀之意，但結果通常就是家裡堆了好幾盒用不完又快到期的沐浴禮盒、尺寸品牌都不合的尿布、季節不對的寶寶衣物。所以在迎接寶寶出生的同時，不妨也直接告訴打算來探視的親友，寶寶需要的物品有哪些，一來能替對方省下不知道該送什麼的困擾，二來這麼物盡其用的送禮方式也確實能讓新手爸媽們省下不少開銷。

孩子漸漸長大之後，各項花費也會隨之增加，帶孩子去哪玩？要不要上才藝課？幼稚園該上公立或私立？這些林林總總的費用累計起來也是一筆相當可觀的數字，要怎麼用有限的收入提供孩子最佳的成長學習環境，也是父母們的一大課題。

近幾年來，各縣市政府為了鼓勵生育，設置了不少免費的親子館或圖書館，相較於坊間民營親子館一進場就是兩三百元起跳的收費，公立的親子館不但替爸爸媽媽節省了荷包，館內新穎的設備和廣大的佔地，更是讓孩子可以在不受天氣限制的情況下，盡情地奔跑玩樂。

而這些親子館也都有專為嬰幼兒設計的學習課程，像是：律動、美術、親子烹飪等，收費只有外頭才藝課的三分之一。如果公立親子館的課程內容不符合你們的要求，找幾個志同道合的家庭自組課程也是不錯的選擇，師資可以自己掌控之外，每個家庭平均分攤下來的學費更是便宜不少，提供給孩子的教學品質也絕不輸給那些昂貴的才藝班。

至於讓不少父母傷透腦筋，覺得最傷荷包的娛樂花費，在許多家庭也佔了很大比例的支出。再加上現代人越發重視生活品質，帶孩子出門旅行外宿一晚，少不了要付上好幾千，甚至一兩萬元的住宿費。但仔細想想，孩子非這麼昂貴的飯店不住嗎？還是大人在滿足自己慾望的同時，卻忘了審視這樣的消費方式，是否超出自己的能力範圍？對孩子而言，能和爸爸媽媽一起出門就是最幸福的事了，即使只能住在普通到不行的民宿或旅館，相信他們都能感到快樂滿足。所以在籌劃家庭旅行時，真的沒有必要陷入一定得住昂貴飯店的迷思，許多收費低廉甚至免費的景點，也能玩得非常開心。或是將幾次省下來的住宿費存起來，偶爾安排一趟花費高一點的旅行，得來不易的感覺也會讓孩子比較懂得珍惜。

現代的父母生的少，再加上育兒資訊充足，所以跟孩子有關的衣食住行娛樂，都竭盡所能想給予最好的，但對孩子而言，什麼才叫最好的？穿漂亮的名牌衣服、上所費不貲的才藝課，還是每年寒暑假都安排一趟豪華旅行？其實孩子就跟一張白紙一樣，他們的價值觀端看父母如何建立，或許很多時候是大人將自己的慾望套在孩子身上，才會衍生出那麼多非必要的育兒花費。

在孩子的心目中，最需要也最無價的，只有父母的愛和全心的陪伴，這是世上花再多錢都買不到的。所以在你和另一半嚷著養了小孩錢不夠用的同時，不妨檢視一下彼此的消費習慣，看看孩子房間堆了多少，他根本來不及使用的玩具、教具，或許你們很快能找到調整的方式。

有了孩子錢不夠用？不妨這麼調整：

列出每年度固定的必要支出，並算出每個月可供動用的金額。

和親友們廣徵免費二手嬰兒用品，或上網募集。

生產後直接告知欲來探視的親友，缺哪些嬰兒用品。

買東西多比價，不崇尚名牌。

若有計畫生兩胎，衣物選中性的買。

多去免費的親子館和圖書館，自組團隊學才藝。

出遊不訂昂貴飯店，查尋免收費的景點。

(3)教養理念不同，如何溝通是考驗。

當了父母之後，相信你一定會有「教養比生養困難許多」的感覺，生養小孩只要負擔得起他們的衣食住行就好，但教養可就不同了，孩子鬧脾氣應該怎麼辦？幾歲該送去上幼稚園？管教小孩真的一點點都不能打嗎？更複雜的是，孩子不是你一個人的，另一半也有他的意見和想法，於是夫妻間的爭執就在孩子出生之後與日俱增。哭了要不要馬上抱、給不給奶嘴安撫、幾歲讓孩子自己吃飯等，這些看來都是雞毛蒜皮的小事，卻好像成了引爆你們夫妻爭執的爆點！

國內的親職雜誌曾做過統計，至少有超過三成的父親認爲自己和太太的教養不同調，其實這是可以預期的結果，畢竟夫妻雙方來自不同的家庭，原生家庭的教育、成長的環境，以及被養成的個性都大不相同，怎麼可能對任何事情的看法都一致呢？如果是牽扯到孩子的事情，那就更有可能因爲在乎，所以急著想表達自己的觀點好說服另一半，但卻常常無法說服對方。夫妻雙方都堅持「我這樣教才對」的下場，就是你們爲了教養問題，永遠有吵不完的架，被夾在中間的孩子更是無辜，他或許不能完全聽懂你們所說的每一句話，但肯定會知道，爸爸媽媽是爲了他而爭吵，然後把錯攬在自己身上，內心產生愧疚與不安。

孩子是你們夫妻雙方愛的結晶，相信另一半的所作所爲也跟你一樣，出發點都是爲了孩子好。所以在發生爭執時，不要急著推翻或指責對方的做法，畢竟教養的目的並不是在爭誰對誰錯，而是要找出夫妻雙方都能接受，也適合孩子的教養方式。若是真的起了衝突也未必是壞事，換個立場想，藉著這個機會把自己對教養的想法說出來，才能更容易討論出符合你們彼此期待的教養模式。

常聽到傳統的管教方式「夫妻兩人一方扮白臉，一方扮黑臉。」但這種極端的二分法，會讓孩子日後在犯錯受責罵時，習慣性地躲到扮白臉的那一方身後尋求保護，也會因爲有靠山覺得自己並沒有錯，教養等於完全沒達到效果。所以不管是什麼樣的突發狀況，只要另一半已經開始著手管教了，建議你就先不要插手，讓對方把事情處理到一個段落，兩人再私下進行討論。絕對不要當著孩子的面糾正另一半：「他這麼小，你好好講就好了，那麼兇幹嘛！」、「就是因爲你堅持不打不罵，才會被小孩吃死死，管也管不動！」這不只是爲了顧及另一半的顏面和自尊，孩子也不會誤以爲是被指正的那一方太兇，自己完全不需要修正行爲。

待雙方情緒都冷靜一點後，可以就剛才發生的事提出自己的想法，聽聽對方爲什麼會想要那樣處理，同時也說說自己的建議，溝通的口氣盡量多用「我」代替「你」，比較不會讓對方有被責備的感覺。像是：「我知道你會那麼大聲地罵他，一定是心疼孩子又讓自己受傷了。」會比「你那麼兇做什麼，孩子都被你嚇壞了！」來得容易讓人接受、「我知道妳一直都很努力地引導他，他脾氣卻好像越來越壞，我們一起想想該怎麼解決。」

會比「妳看妳教出來的小孩，脾氣差成什麼樣子！」能讓另一半感覺到被認同，進而願意和你靜下心來討論教養的解決之道。

達成協議後，兩人在孩子面前立場要堅定一致，像是：看電視的時間、吃零食的量、寫功課的時間等，如果在教養時爸爸媽媽都堅持己見，孩子會因爲不知道該聽誰的，感到困惑不安，而父母總是因爲教養起衝突，也會讓孩子懼怕沒有安全感。所以其中一方在跟孩子溝通建立教養規則時，另一方千萬不要心疼地急著阻止，以免時間一久，孩子知道在誰面前是可以耍賴的，常選擇對自己有利的人「靠邊站」。

有的父母爲了安撫孩子，會講出類似：「爸爸／媽媽剛才好兇喔！我們不要理他！」這樣的話，或許你只是開玩笑，但聽在另一半耳裡，這樣的話是很刺耳傷人的，苦心管教孩子不但沒有得到肯定稱讚，反而還被你和孩子排擠在外，久而久之便會抗拒參與育兒教養的過程，你們夫妻間的隔閡也會越來越深，相信這絕不是你所樂見的。

許多意見的分歧，絕不可能溝通一兩次就達成共識，教養這條路需要夫妻雙方相互扶持包容，才能走得愉快長久。所以當你發現另一半有把自己的建議聽進去，逐漸改善原本太過專制或溺愛的教養模式時，別忘了表達你的感謝和肯定，像是：「你今天花那麼長的時間，那麼有耐性地跟孩子解釋爲什麼不能買玩具，真的很感謝你！」、「我看到你最近比較沒那麼順著他亂發脾氣了，你做的真的很好！」有了你的肯定與鼓勵，相信對方會更有動力，更願意朝做個好父母的方向前進。

許多研究的結果都顯示，婚姻關係和諧，孩子的發展會比較樂觀正向。互動良好的教養模式，絕對是決定你們彼此關係和諧與否的重要關鍵，千萬不要將子女的教養問題擴大，甚至演變成發洩對另一半的不滿，這傷害的不只是你和另一半的感情，也會讓孩子在吵鬧不休的家庭氛圍中長大，可以說是一點也不值得！

孩子教養不同調，該怎麼溝通？

不要強行介入另一半進行中的管教事件。
夫妻雙方靜下來討論，找出彼此都能接受的教養方法。
在孩子面前的教養態度要堅定一致。
不要當著孩子的面糾正或指責另一半。
多對另一半表達感謝肯定，他會更有動力和你一起努力。

教養孩子時，長輩也來參一咖！

相信你一定聽過這句話：「結婚不是兩個人的事，而是兩個家庭的事。」婚前你可能聽不太懂這句話的含意，但婚後肯定會有深刻的領悟。尤其在有了孩子之後，不管寶寶的主要照顧者是誰，雙方親友總會迫不及待地提供自己過往的育兒經驗給新手父母參考，七嘴八舌又南轅北轍的意見，常常讓爸爸媽媽們不知道該聽誰的好。而本來就已經夠緊張、夠忙碌的育兒生活，如果還要時時承受親朋好友的過度關心和干涉，即使知道對方是出自好意，心情恐怕還是很難不受影響，再嚴重一點還會因為意見分歧爆發爭執，更可能傷害到彼此的關係，夾在中間的另一半也變得兩面不是人，好像替哪一邊說話都不對。

中國人的人情味濃，即便只是路上偶遇的陌生人，看到可愛的寶寶都會熱心地問候，順便附帶給上幾句建議：「這麼大了不要吃奶嘴啦！嘴巴會醜醜喔！」、「兩歲了怎麼還不訓練戒尿布呢？我孫子一歲半就脫掉尿布了！」更何況是和寶寶有血緣關係的長輩們！大概打從懷孕開始，新手媽咪便會開始聽到來自四面八方的建議和「指導」，而寶寶出生之後，長輩們基於關心和疼愛的立場，更會認爲應該提供一些自己過來人的經驗，彷彿這樣才算盡到照顧晚輩和孫兒的責任和義務。如果這個長輩只是偶爾見面的親友，笑一笑謝謝對方的關心也就算了，假使是自己和公婆或父母，因爲時代變遷造成的觀念分歧，就勢必得花一番力氣去磨合，假使總是置之不理，或任憑衝突過後雙方關係相敬如「冰」，時間一久影響的不只是家庭的和諧，孩子夾在阿公阿嬤和父母之間，更會無所適從，不知該聽誰的好。

所以在遇到和長輩教養觀念有出入的時候，爲人父母者更應該學習用智慧化解衝突，教養這條路，你才能走得更輕鬆自在。

(1)長輩干涉多，什麼都要管！該怎麼辦？

不可否認，長輩們的確用自己過往的經驗帶大不少孩子、孫子，所以對於年輕一輩父母的教養方式，難免會有覺得不夠妥當或需要改進的地方。再者在上一輩父母的心中，即使孩子已經成家立業爲人父母了，他們永遠是自己記憶裡，那個需要爸爸媽媽協助陪伴的小孩。但他們卻忽略了，這一代的父母都比上一代的父母多受了好幾年的教育，吸收的育兒新知更是來得多、來得快。所以在教養上也都很有自己的想法和計畫。所以有些時候長輩認爲是好心給建議，在身爲晚輩的父母看來，卻成了不尊重自己的「干涉」，兩代之間因爲教養而起的衝突也就因此而爆發了。

其實不管是身爲父母的你們或是長輩，絕對都是愛孩子的，長輩的出發點一定也都是爲了孩子好，只是因爲時代的變遷，過去的一些育兒觀念其實已經不適用在這個年代了。像是「六個月以後的母乳沒有營養，應該改餵配方奶。」、「小孩乳牙蛀掉沒有關係，恆齒會再長出來。」等，遇到這一類和健康有關的觀念，長輩常試圖想要說服你照他的方式去做，建議身為晚輩的你，不要當面否決或嗤之以鼻，這只會惹得老人家不開心，讓氣氛變得更尷尬。不妨善用醫生、教養專家等第三者專業的說法，讓長輩明白並不是你在跟他作對，而是和他一樣，所做的一切都是為了孩子好。如果在寶寶打預防針或定期健康檢查時，可以帶著長輩一同前往更好，讓他當面聽聽醫生的說法，老人家的接受度會更高。

有的時候，長輩干涉的只是一些雞毛蒜皮的小事，像是：這種天氣孩子應該穿幾件衣服、孩子怎麼吃這麼少都不長肉。像這一類影響不了孩子健康，長輩也左右不了你的照顧方式時，不妨就笑一笑謝謝對方的關心，強調自己會視孩子的狀況添加衣物或增加飯菜，請長輩放心。不需要把長輩的每一句叮嚀都往心裡放，埋怨對方管這麼多做什麼，這些負面情緒累積久了都是壓力，也只會讓你越來越抗拒和長輩見面，甚至一碰面就起衝突，而孩子長期處在火藥味如此濃厚的家庭氛圍裡，又何嘗是好事？

而假使長輩的關心不僅止於嘴上說說，甚至有點強行以他自己的方式要你們夫妻接受，成了一種干涉時，也不要當下正面和對方起衝突，因為人在氣頭上，一開口絕對沒好話。先在這件事情上和另一半取得共識，確定你們雙方的想法都是一致的，不要一劈頭就指責：「你媽怎麼老是這樣，管得有夠多！」這種情緒化的用語，只會讓你們夫妻雙方也捲入紛爭。取得共識之後，兩人就分別去和自己家的長輩協調溝通，說話方式也是很大的學問，切忌用：「我老婆說，那樣照顧小孩行不通。」、「我老公叫我來跟你講。」這類只會加深雙方嫌隙的用語。

遇到兩代教養觀念分歧的時候，你要做的不是跟長輩爭得面紅耳赤，只為了證明自己是對的，畢竟對大部份的長輩來說，是不會願意承認自己想法有錯，且肯接受晚輩指正的。你要學習的是如何在不傷彼此和氣的狀況之下，溫和堅定地保有自己的立場，這考驗的不只是你為人父母的智慧，和長輩相處的應對進退，也是你能教給孩子最無價的身教、言教。

長輩干涉你育兒的方式時，不妨這麼做：

以同理心感謝長輩，表明自己絕對會注意孩子的狀況。

善用醫生、專家等「第三者」爲自己發聲。

意見分歧時避免當面糾正，由夫妻分頭和各自的父母溝通協調。

(2)長輩太寵溺，破壞教養原則。

不管你的孩子是託給誰帶，「長輩寵孫」似乎是每一個家庭都會發生的問題。畢竟對已經上了年紀的長輩來說，生活的重心已不再是衝刺工作，而是在老年歲月裡，好好珍惜和家人相處的時光。再加上過去他們當的是父母，面對自己的孩子，需要負起管教的責任，但升格爲阿公阿嬤後就不同了，面對可愛的孫兒，阿公阿嬤只要負責疼愛和陪玩就好，所以很容易就忘了拿捏分寸，只想竭盡所能地寵愛孫兒，什麼都替孫兒做好，也捨不得孫兒受到一絲絲處罰責罵，就連沒大沒小的說話口氣，在阿公阿嬤眼裡也只覺得可愛。

上述那些長輩看來理所當然的疼孫行爲，對爸爸媽媽來說，都是破壞自己教養原則的隱形殺手，爲了避免孩子被寵壞，於是不留情面地拒絕長輩的好意，甚至抗拒讓孩子跟長輩們接觸，但這真的是解決問題的方法嗎？

相信你知道，長輩跟你們夫妻一樣，都是打從心底愛孩子的，所以在面對長輩的好意時，不要急著當面質疑或否定，這只會讓長輩覺得自己疼孫的一番心意遭到抹殺，甚至試圖在你們看不到的時候加倍補償孫子。可以試著用同理心，先感謝長輩對孩子的疼愛，然後再婉轉地提出自己的建議，比如：「爸媽，謝謝你們今天下午帶寶寶去買了那麼多糖果，這麼疼愛他，不過上次牙醫有提醒我，寶寶已經有點輕微的蛀牙了，我們是不是該控制一下他吃糖的數量，對孩子比較好？」

這樣委婉且以孩子健康爲出發點的說法，聽在長輩耳裡會比較容易接受，雙方也比較不會流於情緒化的批評爭執。

若是在管教孩子的不當行爲時，長輩因爲心疼插手制止，就讓另一半找適當理由，例如：孩子該換尿布了、午覺時間到了該進房間等，先將孩子帶離現場；待冷靜過後再向長輩表明自己的教養立場，讓長輩明白你們能夠理解孩子受罰的不捨心情，但孩子總有一天要進入團體生活，沒有人能時時刻刻在孩子身旁保護他，所以必須建立起賞罰分明的教養規則，對孩子才是真正好的，希望身爲阿公阿嬤的他們共同協助你們。而當孩子的行爲值得接受獎勵時，有時也不妨將這個權利留給長輩，適度滿足他們想寵愛孫子的心情，讓長輩和孩子擁有屬於他們的相處方式，像是：一起去挑禮物的相處時刻、孩子的生日蛋糕留給長輩準備等。

很多父母因爲長輩難以溝通或是怕得罪對方，所以只能放任孩子在長輩面前爲所欲爲，但這樣長期下來，不但會養成孩子拿阿公阿嬤當靠山的習慣，一發現苗頭不對就躲到他們身後規避你的管教，甚至可能會質疑父母：「爲什麼阿公阿嬤說可以，你卻不行？」要知道，需要爲孩子將來負起責任的，是身爲父母的你，而長輩的寵溺，卻足以影響孩子個性的養成和價值觀。假使你因爲不想傷了和氣，不好意思向長輩表明自己的立場和原則，那麼最後受害的恐怕是孩子。

所以在平日相處時，就可以試著不露痕跡地讓長輩明白你們的教養原則。像是看到和嬰幼兒教育相關的新聞時，聽聽長輩的意見也表達自己的立場；或是和長輩聊聊，同事親友照顧孩子的趣事，藉機提出自己的看法。當然也不要吝於向長輩的疼孫心意表達感謝，不管是口頭感謝或是準備長輩喜歡的點心、小禮物等，良好的家庭關係，靠的就是這些小技巧來潤滑加分。假使孩子是託給長輩帶，但你們已經試圖溝通多次，教養問題卻仍無法解決，長輩依然故我地放縱孩子的行爲，而孩子更在阿公阿嬤的縱容之下，變得越來越蠻橫不講理。那麼建議你們，絕對有必要審視一下目前的托育狀況。如果是假日父母，辛苦一點晚上將孩子接回來自己身邊吧！唯有增加父母和孩子相處的時間，讓他對你們產生依賴和信任，才有機會及早修正孩子的偏差行為。

孩子有阿公阿嬤的疼愛，是值得感恩和珍惜的，尤其是在繁忙的工作之餘，如果還能有長輩分擔育兒工作，對你們夫妻雙方的助益會更大。而要如何不讓這份助力演變為阻力，只能仰賴身為父母的你們齊心努力，孩子才能在共同擁有阿公阿嬤和父母的環境之下，正向、快樂地成長。

長輩太寵孩子，不妨這麼做：

感謝長輩的疼愛，溫和堅定地表明自己的教養立場。

長輩阻擋你的管教行為時，伺機將孩子帶離現場。

適度讓長輩和孩子擁有專屬他們的相處方式。

必要時審視目前的托育狀況是否需要調整。例如：晚上將孩子帶回身邊拉進距離。

(3) 長輩偏心，孩子傷心。

「哥哥，阿嬤帶你去買糖，妹妹妳跟來幹嘛？又沒有要帶妳去！」、「你是哥哥怎麼還這麼愛哭啊？看你弟弟多乖多愛笑！」上述這些聽來像是偏袒某一個孩子的話語，你是不是也常聽到？而最讓人無奈的是，這樣的話竟是出自家裡長輩的口中，而且出現的頻率還不算低。大人覺得刺耳聽過就當算了，但對於單純的孩子而言，的確很有可能因為長輩這些言行而受傷，甚至認為自己之所以受到冷落或嘲諷，是因為不像其他孩子那樣討長輩歡心、得人疼愛。

每一個父母都是心疼孩子的，不管今天長輩偏愛的對象，是自己的另一個孩子或兄嫂妯娌的孩子，相信你都會為受到冷落的那個孩子感到心疼，難免也會埋怨長輩不公平，希望他們平等看待每一個兒孫，給予相同的愛。但不可否認的是，人與人之間，本來就存在著誰和誰比較投緣、誰和誰怎樣都聊不來那種微妙的關係，套在長輩和孩子們之間也是一樣。再加上有的孩子天生嘴巴就甜、逢人就笑，任誰看了都忍不住想多抱他一下，而長輩又不像身爲父母的你們一樣，清楚明白每一個孩子都有他獨特的優點，比較容易因爲個人的喜好，獨厚某一個孩子，所以就會出現你所看到的偏袒行爲了。

不管是多大的孩子，都需要受到旁人的肯定和愛，所以下回當你聽到長輩只誇獎其中一個孩子時，別忘了找機會替另外一個孩子發聲，像是：「對啊！哥哥就跟阿嬤講的一樣愛讀書，成績很好。妹妹則是喜歡畫畫，那天才被老師稱讚畫得很好，你們兩個都好棒！」藉這樣的話讓長輩明白，每個孩子都有自己的長處和優點，孩子聽到這樣的話，也會感受到父母對自己的重視，相信自己是獨一無二的。適時地替孩子向長輩傳達情意也是不錯的方法，像是：「娃娃那天才在說很想阿公阿嬤，要回去跟阿公阿嬤玩喔！」而有的長輩因爲和某一個孩子特別投緣，所以總會習慣性地只帶一個出門，你向長輩反應多次，狀況仍舊一樣時，不妨換另一個角度想，被留在家的孩子可以享受和父母獨處的時光，出門的孩子則享受阿公阿嬤的疼愛，兩個孩子都有人愛、都不孤單，做父母的你又有什麼好不開心的呢？

假使長輩的言行已經影響到孩子的心情，甚至質疑自己是不是哪裡不如人，才會如此不受疼愛，做父母的也不用在孩子面前批評長輩的不是，這只會讓孩子感到憤恨不平，更埋怨阿公阿嬤的偏心，甚至可能對其他比較受到寵愛的孩子產生嫉妒情緒。試著先聽聽孩子的想法，鼓勵他把心裡的感覺說出來：「你覺得阿公阿嬤偏心？是發生什麼事讓你這麼覺得？」、「有需要爸爸媽媽做些什麼，讓你感覺好過一點嗎？」或許孩子想要的只是父母的擁抱和安慰，告訴他也擁有別人身上沒有的優點，而非真的渴望長輩的獨愛。

至於有些長輩的偏心，其實是源自於根深蒂固的重男輕女觀，或是認為大孩子一定得讓小的，像這一類幾乎無法動搖的傳統觀念，而你也十分清楚無論做什麼樣的努力，長輩都很難改觀。那麼就只要努力讓孩子相信，他的優點並不比別人少，而爸爸媽媽對每個孩子的愛都是一樣的，並不會因爲阿公阿嬤跟誰比較親就有所改變，當孩子感受到父母的愛並沒有減少，自然就不會那麼在意長輩比較疼愛誰了。

遇到會偏心的長輩，你要做的不是教孩子去爭愛，而是讓他明白，即使阿公阿嬤對他的愛少了一點，爸爸媽媽仍舊一樣愛他，他永遠是父母心中最棒的！

長輩偏心時，不妨這麼做：

適時替被冷落的孩子發聲，拉近他和長輩的距離。

傾聽孩子的心聲，接納撫慰他不平衡或傷心的情緒。

建立孩子自信，相信自己也有獨特的優點。

讓孩子明白父母的愛，不會因爲長輩的言行有所改變。

和長輩相處，本來就是一門很大的學問，如果再摻雜了孩子教養的磨合問題，恐怕就更難解了。這大概是爲什麼很多媽媽都會感嘆，生孩子前和公婆相處即使沒有太熱絡，卻也不至於爆發什麼衝突，但孩子出生之後，一切都變了！

而不得不承認的是，要年長的上一代改變思維和說話方式並不容易，所以你只能先調整自己的心態，學著如何不傷彼此和氣地保有自己的教養立場，而非事事都和長輩爭對錯，只想證明自己是對的。畢竟育兒生活就已經夠令人疲累了，如果總是三天兩頭和長輩發生不愉快，那麼損失最大的絕對是你自己，對孩子的教養更是沒有任何一點助益。

老夫老妻更要甜蜜，三人世界才能長久

很多夫妻在有了孩子之後，因爲急於勝任做父母的這個角色，每天忙的、談的、在意的，全都是跟孩子有關的事，時間一久，戀愛和新婚時期的浪漫和熱情也跟著消磨殆盡。但這些盡責的父母卻忽略了，夫妻間的關係在婚姻裡應該是勝於一切的，畢竟父母間的相處穩固和睦，雙方才能攜手同心面對生活中的艱難挑戰，讓孩子在和樂的家庭氣氛中成長。

天底下的父母都一樣，認爲孩子還小時，需要自己無微不至的照顧與陪伴，所以理所當然地將心力都放在孩子身上。但孩子總有長大的一天，總有離開家展開獨立生活的時候，當你以爲終於可以擺脫被孩子綁手綁腳的生活，打算開始和另一半享受接下來的兩人世界時，這才發現，長年以來因爲心力都投注在孩子身上，身邊的這個人已經變得和陌生人一樣了，少了孩子在身邊，竟不知道開口該聊什麼，這不是非常可悲的一件事嗎？

照顧孩子固然是父母親無法擺脫的責任，但除了做父母，你仍然要努力當個好丈夫、好妻子，不能因爲有了孩子，就漠視另一半的需求和感受，這只會讓你們之間越來越無話可說，婚姻關係最終走到岌岌可危的地步。

所以照顧孩子之餘，也別忘了細心呵護你們的婚姻，只要懂得善用一些小技巧，夫妻之間想要甜蜜如昔，並沒有你想像中的那麼難！

(1)常保感恩的心，「謝謝、辛苦了」掛嘴邊。

中國人不像西方人那麼外放，許多感謝和愛總習慣放在心裡，尤其是面對越親密的人，反而更不好意思說出口，覺得有些話放心裡就好，認爲「不用講對方都知道。」、「老夫老妻講這些也太肉麻了吧！」

因爲在一起的時間越久，好像就越習慣身邊的這個人，一些婚前會讓你感動萬分的小事，婚後卻開始因爲習慣，而不覺得有什麼值得感謝，道謝和感恩的話就更加認爲沒有必要說了。

但很多時候夫妻間的感情，就是靠這些看來不起眼的小動作加溫的，即使只是短短的一句話，都能讓對方感受到你的珍惜與感恩，拉近彼此的距離。

在替另一半倒了杯水後，能聽到一句誠懇的：「謝謝老公！」在辛辛苦苦煮了一桌的飯菜後，聽到一句：「看起來好好吃，謝謝老婆！」

這樣的話任誰聽了都會因爲自己的心意受到珍惜而倍感幸福。除了「謝謝」，「辛苦了」這三個字也要常常說。每個人都希望自己的付出和努力，是受到肯定的。可惜大部份的人卻容易因爲習慣，將另一半的所作所爲當作理所當然，自然也不太可能向對方說出感恩的話。

但假使在忙碌了一天之後，能夠從最親密的人口中聽到一句：「你今天辛苦了！早點休息吧！」

相信天大的疲累都會消失，如果能在睡前花個十五分鐘談心，聊聊彼此今天忙了什麼，順道感激一下對方的辛苦，對你們的婚姻關係絕對會有不錯的加分效果。

藉孩子向另一半表達感謝和愛也是不錯的方式，像是：「爸爸上班很辛苦，讓爸爸休息一下。」、「媽媽煮這麼多菜給我們吃，要好好謝謝她喔！」

另一半可以感受到家人對自己的重視，孩子也學會對爸爸媽媽表達感謝和愛，不是一件一舉兩得的美事嗎？

充滿抱怨的生活，會讓你們的婚姻走到最後只剩下責任和無奈，試著用感謝的口氣代替埋怨、指責，你會發現對彼此的不滿減少了，另一半也會更樂於爲你們的家付出。

(2)夫妻獨處很重要，兩人約會不能少。

想得起來上一次和另一半單獨約會是多久以前的事了嗎？一個月、半年，甚至更久？孩子出生之前，你們可能多的是時間吃美食、看電影、安排旅行；但在孩子出生之後，夫妻雙方的注意力都在孩子身上，每天和陀螺一樣，在家務和工作之間忙得團團轉，哪來的精力和時間和另一半單獨約會？

國內的親子雜誌曾經做過類似調查，發現有接近一半的夫妻，婚後就不再約會了。這顯示了大部份的人在孩子出生之後，就忘了照顧自己的婚姻，忘了身邊的另一半其實也跟孩子一樣，需要自己的關心和愛。或許就是因爲這樣，才讓你們逐漸忘記只有兩人世界的生活是多麼的甜蜜，忘了身邊每天忙得蓬頭垢面的這個人，當初也曾經讓自己那麼怦然心動。

所以從現在開始，不要再爲了孩子犧牲你們夫妻的甜蜜時光，將孩子託給親友或保姆，或是趁他們上學時安排夫妻約會吧！

兩人就像回到交往時期那樣盛裝打扮，即使只是吃頓飯、看場電影，做什麼都好，光是手牽手走在路上，絕對就能讓你們重溫當年戀愛的甜蜜。

在這場只有夫妻兩人的約會裡，你們不再是爸爸媽媽，而是一對戀人。暫時擺脫現實生活中的枯燥瑣事，聊聊最近在工作和生活上遇到的趣事，聽聽對方最近的煩惱，給予鼓勵和安慰。

切記你們是在約會談情，享受兩人的時光，埋怨對方、翻彼此舊帳這類掃興的行為，就免了吧！千萬別拿工作繁忙或太累當藉口，也不需要因為拋下孩子約會而感到歉疚，相信你們一定可以在約會的時光裡，感受到另一半不同於以往的一面。

不過要想擁有短暫的兩人世界，就勢必要讓孩子習慣和父母以外的人相處。所以可以常常帶孩子到爺爺奶奶、外公外婆家，讓他們熟悉那裡的環境。或是在住家附近，多認識幾個孩子年紀相仿的家庭，在父母有事時，彼此都能相互照應，就不會因為臨時有事，卻不知將孩子託給誰照顧而發愁。

不可否認，有孩子陪伴，全家和樂融融的親子出遊是非常寶貴幸福的。但這不代表屬於你們夫妻的兩人時光就應該被犧牲。

(3)時常稱讚另一半，大方說出他的好。

沒有人不喜歡受到肯定和讚許，尤其是在最親愛的另一半面前。或許聽到這個建議，很多人會抗拒：「我每天累得半死，他一句話也沒有說，還要我學著去稱讚他？有沒有搞錯啊？」

或是：「他就真的做得很差，我要怎麼去稱讚他？」

但是你有沒有想過，或許就是因為一直得不到你的肯定，所以另一半會下意識地認爲，自己所做的一切都是被你否決的。他不是不願意付出，而是沒有信心能夠做好，

再者，與其埋怨對方做得不好，爲什麼不先從調整自己的心態做起？你渴望另一半明白自己的好，但是你自己做到了嗎？你還記得上一次稱讚

對方是什麼時候嗎?現在開始學著「小事化大」吧!

即使只是小小的一件事，也不要吝嗇讚美對方：「老公的碗洗得真乾淨，比我還厲害!」、「這碗湯真好喝，老婆妳真會煮!」

當對方看到你的改變，自然而然也會修正自己說話的方式，容易注意到你的優點，跟你一樣懂得讚美彼此。

在讚美的同時，你不也在提醒自己，別忘了對方還有這麼多優點，負面情緒自然也會跟著減少。至於生活上偶爾發生的小失誤，有時就睜一隻眼閉一隻眼吧!偶爾一次垃圾忘了倒、或上廁所忘了掀馬桶蓋，並不會對你們的婚姻關係產生什麼危害，不是嗎?

(4)小動作大加溫，婚姻加溫需技巧。

除了「甜言蜜語」和兩人約會，在日常生活中善用一些小技巧，也能讓另一半感受到你對他的在乎和愛，更珍視你們的感情。

即使只是一張寫滿問候的小紙條、一封充滿關懷的短訊，都能讓另一半感受到你滿滿的情意。

試想，當另一半拖著疲憊的身軀，結束加班回到家，而你和孩子已經睡了，如果迎接自己的是一張「老公／老婆加班辛苦了！」的紙條，是不是會比你板著一張臉質問：「為什麼老是這麼晚下班？你不知道我等多久嗎？」能讓對方感到貼心與溫暖？

在日常生活中，也別忘了注意一些小細節去關懷對方。像是：「老婆剪頭髮了耶！看起來好年輕！」、「老公這幾天怎麼有點咳嗽，要不要陪你去看醫生？」

這短短的幾句話，都能讓另一半覺得自己是受到重視的。

營造驚喜，並不代表一定要花大錢買禮物、吃大餐，而是把對方的需求時時刻刻放在心裡，像是把對方喜歡、愛吃的東西記在心裡，看到時順手帶回家讓他開心一下，這小小的舉動絕對就能讓另一半感動許久，明白你的心意。

在通訊軟體如此發達的這個年代，也不妨善用通訊軟體向另一半傳達愛意或分享生活情趣，在辛苦工作時，如果能收到孩子充滿笑容的可愛照片，或是看到你傳一句：「工作辛苦，吃午飯了嗎？」相信工作上再大的陰霾都能一掃而空。

但是需要當面談的重要事情，奉勸你就別再那麼依賴通訊軟體了，有些夫妻就連吵架都用通訊軟體，只因爲「一開口就會吵起來」，連開口溝通都不願意的婚姻關係，又要如何走得長久？

家庭關係的維繫順序，夫妻關係應該是放在親子關係之前的，別忘了你們是先成爲夫妻才升格爲父母的，大妻的感情融洽了，才能保有正向、快樂的心情去教養孩子，攜手共建幸福和樂的家庭。

別讓孩子變「小三」，夫妻感情保鮮術：

「謝謝、辛苦了」常掛嘴邊，對方會更樂意付出。

藉孩子傳達感謝和愛，家庭氣氛更和樂。

再忙也要抽空單獨約會，重溫戀愛甜蜜。

不要吝嗇誇讚另一半，隨時提醒自己對方的好。

善用小紙條、通訊軟體表達關心。

Chapter.4

It's not so hard to raise children

教養孩子，沒那麼難

教養變輕鬆，你也做得到

常聽人家說：「第一胎照書養，第二胎照豬養。」

你大概也在孩子出生之前，就準備好一大疊的育兒書籍，孩子出生之後更是一有疑問就翻書查閱、上網爬文，但幾次下來才發現，教養難題不是照本宣科就能解決的，畢竟孩子是人不是機器，照說明書操作就會正常運轉。

每個孩子都有自己獨特的氣質與個性，適合哥哥的教養方式，套在妹妹身上未必就受用；隔壁鄰居的三歲小孩上學一天都沒哭，不代表你家的也能這樣。

現代的父母普遍都比上一代的父母注重教養問題，也明白對待孩子不能再用過去那套「父母說了算，小孩子有耳無嘴」的權威式教育法。

但不打也不罵，孩子就真的會聽話嗎？孩子做錯事，難道一點點處罰都不能有，永遠都要好好跟他說？原本還算乖巧的孩子，怎麼在弟弟妹妹出生之後，就好像變了一個人似的？我悉心爲孩子做好所有的安排，他卻怎麼好像一點也不領情，硬是要念一點出息也沒有的科系？

這些似乎是每個家庭都會遇到的教養煩惱，爲什麼有的父母能夠輕鬆地迎刃而解，有的父母費盡心力去管教，卻好像一點成效也沒有？

其實只要把握以下幾個原則技巧，教養變輕鬆並沒有那麼難做到！

賞罰分明、說到做到，孩子永遠信任你

眼見孩子一天天的長大，你是不是也發現，教養的難題只會隨他們的年齡增長跟著越變越多，不會減少。

他們對父母不再言聽計從，開始越來越有自己的想法，認為周遭的人都應該以自己為主，一點點不如己意的事就哭聲震響，甚至動手去掠奪別人手上的東西。如果父母不趁孩子還小時導正他們的行為，他們會誤以為自己的所作所為都是對的，而別人也理應接受這樣的行為。

可惜的是，很多父母以為孩子用哭鬧達成目的、脾氣不好大吼大叫，全是因為還小不懂事，抱持著「長大就會好」的錯誤觀念，等到孩子越長越大，才發現原來不是這麼回事，想要導正孩子的行為也已經來不及了。

所以做父母的首先要建立起家中的賞罰原則，並和孩子共同遵守。在孩子做錯事時適當處罰，表現良好時，也不要忘了給予讚美鼓勵。孩子藉由這些管教原則，才能清楚分辨什麼樣的行爲是對的，什麼樣的行爲是不被允許的。

(1)與孩子共同建立家中規則。

尚在牙牙學語期的孩子，雖然還無法明確表達自己的意見，但父母也應該盡早建立規則，引導孩子學習遵守，像是：「吃飯坐在餐椅吃」、「不能從他人手上搶走玩具」、「哭鬧沒有用，請你好好說。」

許多育有零～二歲孩子的父母，最常犯的教養錯誤就是認爲孩子還聽不懂，說了也是白說，看到一張哭泣的小臉，就急著安撫哄騙，只求孩子不要哭就好。

明明知道孩子在無理取鬧，卻也拿他沒輒，還會說：「我兇他也沒用啊！哭得更大聲！」

明知道不能讓孩子搶別人的玩具，卻還是任憑孩子這麼做，還強辯：「我有講啊！但他現在哪聽得懂？」

沒有及早建立教養規則的下場就是，孩子越來越爲所欲爲，也因爲沒有依據可以遵從，所以完全不明白是非對錯，而當你們想管教的時候，孩子也會質疑：「爲什麼以前可以的事，現在爸爸媽媽卻說不可以了？」

前後不一的管教態度，會被孩子解讀爲爸爸媽媽不愛自己的表現，最後引發孩子更大的反彈。

其實有時候小小孩的哭鬧和唱反調，是在探試父母的底限，想知道爸爸媽媽對自己的失控行爲，可以容忍到什麼程度，假使你沒有把握這個機會和孩子建立規範，或是在他大哭大鬧後屈服，那麼他不需要約束自己的行爲就可以達到目的，又何必把爸爸媽媽的告誡放在心上？

所以在孩子還小時，父母就要不厭其煩地用具體作爲讓孩子知道你的底限在哪裡。吃飯一坐餐椅就哭，那麼就溫和堅定地指著餐椅告訴他：

「吃飯就是要坐這裡，等你哭完我們再吃。」

重覆同樣的話，直到孩子妥協接受爲止；總是從別人的手中搶走玩具，那麼就牽著他的手把玩具還給對方，順道告訴他：「這不是你的玩具，想玩你要跟XX借喔！」

清楚讓孩子明白不可以的原因，並且堅持貫徹到底，或許孩子還無法完全聽懂你說的每一句話，但他絕對可以從你的表情和行爲，明白你要傳達的意思。

持續一段時間下來，你會發現孩子逐漸了解爸爸媽媽的準則是什麼，沒有妥協空間的堅持也不得不使他們修正自己粗暴無禮的行爲，鬧脾氣的頻率自然就會跟著減少。

等孩子再大一點，開始會越來越有主見，不再像Baby時期那樣唯命是從，爸爸媽媽也要視孩子的表達能力和成熟度，適度地開放給他們表達想法的權利，假使家中的規範永遠是父母說了算，那只會讓孩子更抗拒去遵守。
所以像是：看電視的時間、作業幾點之前要完成、和朋友出門幾點得回到家、房間多久要收拾一次等，這類經過親子雙方討論擬定好的規矩，爸爸媽媽要和孩子共同遵守，除了提醒孩子不能忘記自己立下的規定之外，身爲父母的你們更不能在孩子違規的時候，因爲幾句求情的話就心軟，那只會使得管教的威信盡失，拿孩子越來越沒辦法。
不要指望規則訂定之後，孩子的行爲馬上就能達到你的期望，畢竟年幼的他們行爲控制的能力還不是那麼成熟，需要仰賴父母耐心的引導和陪伴才能有所進步。
最重要的是，父母親的教養態度一定要一致，否則訂定再多規則也是白費力氣。爸爸已經說了不可以的事，媽媽卻說沒有關係，那麼夾在中間的孩子應該聽誰的？

(2)處罰不心軟，讚美獎賞不能少。

規範訂立之後，也別忘了和孩子共同擬定賞罰制度。適當的處罰可以讓孩子學會對自己犯的錯負起責任；合理的獎賞則是鼓勵孩子朝好的方向邁進。

所謂的處罰絕不是以暴制暴的體罰，國外曾有一項長達二十年的研究顯示，體罰不但會對孩子產生降低智商、心理創傷等負面效果，長期遭受體罰的孩子甚至在日後成爲父母時，也會用同樣的方式教養自己的孩子。

父母親要記得，處罰的目的是要孩子爲自己的不當行爲負起責任，而不是用來發洩對孩子的憤怒情緒。所以實在沒有必要在孩子接受處罰時，加油添醋地在旁邊責備：「看吧！你就是不乖，玩具才會被沒收。」、「講了好多遍你就是不聽，現在被罰了吧？活該！」

沒有一個孩子會喜歡故意犯錯讓自己受罰，接受處罰已經讓他們的心裡夠難受了，如果爸爸媽媽還用這種方式挖苦自己，對孩子難道不是另外一種傷害？

還小一點的孩子，可能還需要仰賴父母訂定處罰方式，像是符合他們年紀體力的罰站、暫時沒收心愛的玩具、暫停現在進行中的活動遊戲等。再大一點孩子懂事了，就可以和他們共同討論，制定彼此都能接受的處罰方式，像是：扣除電視時間、週末不能出門、和爭吵對象緊緊擁抱五分鐘等。因為是自己訂定出來的罰則，孩子自然沒有太多藉口可以躲避或抗議，執行之前，一定要讓他們明白原因，否則孩子修正行為就只是因為不想再受到處罰，並非真的了解自己哪裡做錯了。

既然訂定了罰則，父母親就要堅持且一致地貫徹到底，不能因為自己的心情影響執行結果，同一件事今天罰站了三分鐘，過一陣子再犯卻當作沒發生，這樣會讓孩子不知道準則在哪裡，也因為父母親不夠堅持，孩子會想盡辦法規避處罰，抱持著「試試看，說不定爸媽今天心情好，不會處罰我。」的僥倖心態。

不管你手邊正在忙什麼，一定要在事發當下立即處理，有的父母會生氣地告訴孩子：「等等回到家，再好好跟你算帳！」、「等晚上爸爸回來，你就完蛋了！」用這樣的處理方式不但失去時效性，也讓孩子有更多漏洞可以鑽，那麼制定這些罰則等於一點用處也沒有。

不管是在公共場合或在家中，處罰孩子都別忘了顧及他們的自尊，絕對不要在盛怒之下進行，在憤怒時下的判斷不會是理性公正的，當你發現自己的情緒還無法冷靜時，可以先告訴孩子行爲哪裡失當了，明白地告訴他：「相信你知道自己哪裡做錯了，爸爸／媽媽現在的心情和你一樣不好受，等我們雙方都冷靜一點再來談。」

處罰過後更重要的是，一定要讓孩子明白，雖然他做錯事了，但是爸爸媽媽一樣愛他，也很樂意協助他修正自己的行爲。

當然管教孩子不能光靠處罰收得成效，孩子表現良好的時候，爸爸媽媽也要適度給予讚美和獎賞，他們才有動力督促自己的行爲，也不會因爲總是遭受處罰、責備而感到沮喪，對自己失去信心。但對孩子的獎賞和處罰都要適度，才能達到鼓勵的目的，收得最好的成效。

最直接也最立即的獎賞，就是對孩子口頭的讚美。可別小看短短幾句話能給孩子帶來的鼓勵喔！

這世上孩子最在乎的人就是父母，所以能夠獲得來自父母的肯定和讚美，對他們而言就是最無價的獎勵了。但是你知道嗎？讚美孩子也是需要技巧的，否則不但達不到鼓勵的效果，還有可能適得其反，讓孩子太過自我膨脹，一點也無法接納別人的批評與指教。

首先，讚美要具體，避免空泛地誇讚孩子：「你好聰明！」、「你真棒！」而是清楚地描述孩子值得讚揚的行爲，像是：「你不用媽媽提醒就把功課寫完了，真是負責任的好孩子！」、「你把衣服都摺得好整齊，爸爸覺得你好棒！」讚美的時候眼睛直視著孩子，擁抱他們或摸摸頭，都可以讓孩子感受到你的真誠。

不要太頻繁地用物質或金錢犒賞孩子，這會讓孩子最後演變成爲了禮物才肯努力，而非自發性地要求自我。有的時候，父母親一句打從心底的讚美，就能讓孩子感覺到自己是倍受重視的，這是任何昂貴的禮物都無法取代的。

最後要記得的是，不管是處罰還是獎勵，只要父母說出口就一定要做到，當孩子對你們產生完全的信賴之後，賞罰分明的教養制度才算成功建立。

走！跟孩子單獨約會去！

不管你的孩子多大，去上學了沒有，他們絕對都渴望也需要，一段能獨占爸爸或媽媽的時光，也就是和父母單獨的約會。

每個孩子都希望在父母的眼中，自己是最特別、最無法取代的，如果能分別和父母有固定且持續性的單獨約會，相信絕對能讓他們覺得自己是父母眼中獨一無二的寶貝。

在這場約會裡，只有你和孩子，你們完完全全地屬於彼此，可以去吃頓飯、到圖書館共讀一本書、在公園裡盡情地奔跑，想做什麼都好。

年幼的孩子或許還無法暢快地和父母聊天，但光是和你獨處，盡情享受親子同樂的幸福，就夠讓他們感到滿足了，也能從父母這麼完整的陪伴中獲得極大的安全感。再大一點的孩子，你甚至可以讓他來決定要和爸爸還是媽媽出門，去哪兒、吃什麼，在你們的約會時光裡陪孩子說說話，聽聽他最近有沒有什麼煩惱，用朋友的身份和他聊聊。

千萬不要擺出父母的架子，一聽到孩子吐露心事，就急著替他的行爲下評論，時間一久，孩子會發現每次的約會結果都變成在受父母責備，換成是你，還有興趣持續這樣的約會嗎？

對於兩個以上孩子的家庭，分別和孩子進行約會更是重要！畢竟對於有手足的孩子而言，最擔心的就是父母把愛分給其他兄弟姐妹後，就不愛自己了。

孩子的心思是很微妙的，爲了爭奪父母的愛，手足間總會無可避免地發生衝突，假使父母處理不當，很容易就讓受責備的孩子誤以爲自己失寵了。所以如果能分別爲孩子安排一段獨占父母的時光，對孩子的安全感建立會有很大的幫助。

由夫妻倆輪流陪伴孩子，在屬於你們各自的約會時光裡，進行專屬你們親子之間的活動，例如：每週四中午就是媽媽和哥哥的午餐約會、每週五晚上則是爸爸和妹妹一起外出騎腳踏車的時間。

當這樣的約會模式固定之後，親子之間就像擁有只有彼此知道的小祕密一樣，這種專屬默契會讓你們的感情越來越緊密。父母親也可以藉由這樣的單獨約會，發現每個孩子不同的特點，找到他們各別適合的教養方式。你甚至有可能發現，其實有時候孩子們分開一段時間，是會想念彼此的，更珍惜聚在一起的時光。

假使是雙薪家庭，夫妻雙方都在工作，平時陪伴孩子的時間很少，反而可以藉由這樣單獨的約會讓孩子感受到爸爸媽媽對自己的愛，只要有心，即使只是吃頓午餐或是接送上學的短暫時間，對孩子而言絕對都是彌足珍貴的。

不用把單獨約會想得太複雜，或是認爲一定要塞滿整天的行程才叫約會，孩子想要的其實永遠比大人想的簡單。相信嗎？有的父母只是挪出半個小時，陪孩子專心地看完幾本故事書、到公園盡情地奔跑嘻笑，就足以讓孩子開心好久。

試著開始安排你和孩子的單獨約會吧！你會發現你們之間更親密了，家裡的氣氛也會溫馨和樂許多！

不要拿孩子跟別人做比較

「你考這什麼成績，怎麼跟人家比？」、「有沒有看到人家有多乖，哪像你，皮得要死！」類似這樣的話，你是不是也曾經說過？你是不是以爲這樣說孩子就會朝別人看齊，達到你的要求？但是你知道嗎？這樣的話對孩子而言，句句都是貶低和傷害。

國內的兒福聯盟曾經做過一項「兒童幸福感調查」，結果發現每四個兒童就有一人覺得自己比不上人家，也有一成的孩子對自己抱著負面的觀感，摧毀幼小心靈自信的罪魁禍首不是別人，就是總愛拿孩子跟別人比較的父母。

在華人文化裡，愛比較好像是免不了的「習慣」，就算只是牙牙學語的小Ｂａｂｙ，父母間也會相互比較，什麼時候長牙、什麼時候學爬學走、什麼時候開口說話，都能拿來比；上學後比成績比在校表現、出社會了比工作職位、成家了比嫁娶對象，過年過節親友見面時，更是免不了要比較一番，但是這樣的比較，有讓人變得比較快樂嗎？說穿了，拿孩子去跟別人做比較的父母，其實是把自己的期望加諸在孩子身上，希望他們各方面都能高人一等，爲自己贏回面子。但當父母的虛榮心被滿足之後，孩子的心情呢？

有的父母誤以爲拿孩子跟別人或兄弟姐妹比較，能激發他們的榮譽心，促使他們爲了贏過別人更加努力，卻不知道這樣的行爲不只會矮化孩子，也會讓孩子因爲得不到父母的肯定，感到沮喪挫折，一個長期建立不了自信的人，在進入團體生活之後，又怎麼有辦法自在地和他人相處？或許孩子有可能爲了父母的比較心態，竭盡所能地完成你們設定的目標，但這樣的努力不是源自於孩子對自己的要求，又有什麼意義？而對於總是比人強的孩子來說，永無止境的比較，也會讓他有怕退步的焦慮、高人一等的自傲，將來很可能因爲一點小小的挫折，就無法承受，或是自恃甚高，瞧不起身邊的人。過度比較的結果，不管對哪一邊的孩子而言都不是好事。

與其拿孩子跟別人比，爲什麼不花時間觀察自己的孩子，他有哪些獨特的優點、長處？然後從這些優點、長處著手，鼓勵並引導孩子發揮最大的潛能。他或許書念得不是太好，但卻擁有與生俱來的美術天份，審美觀也比別人強；他或許好動地一刻也靜不下來，讓妳連喘口氣的休息時間都沒有，但天生運動細胞就是好，班上運動會全靠他奪獎牌。當父母親懂得去欣賞孩子的特質，自然而然也比較不會陷入「爲什麼我的孩子總是不如人」的迷思裡，孩子也會跟著學會挖掘自己的優點，朝擅長的人生方向前進，明白自己是這個世界上獨一無二的人。在孩子面對他人的比較時，有智慧的父母應該要技巧地擋住這些言論，大方地在親友面前稱讚孩子獨特的長處優點「我們家哥哥擅長的不是數學，他畫的畫才叫做棒，好幾次都代表學校去參加比賽呢！」讓孩子明白，這世上每個人天生的優勢和專長都不同，而在父母眼中，他永遠是最特別、最值得鼓勵的。

假使有一天，孩子反過來問你：「媽媽，你爲什麼不能跟隔壁陳媽媽一樣，飯煮得那麼好吃？」、「爸爸，你爲什麼老是這麼愛生氣，看看人家的爸爸，有像你這麼兇的嗎？」這樣的話聽在耳裡，你作何感受？是不是除了有被否定的傷心、挫敗感，還會有一種「爲什麼要拿我跟別人比」的不服氣？連身爲大人的你，都這麼討厭被拿來和別人比較了，更何況是心智發展不如大人般成熟的孩子？

在比較聲中長大的孩子，會在不知不覺中，習慣凡事都和別人比，做任何努力都是爲了爭輸贏，而不是想讓自己更好；相反地，一個從小就了解不需要和別人做比較，父母也同樣很愛他的孩子，會因爲父母對自己沒有條件的愛，充滿自信和鬥志地面對人生中大大小小的挑戰！

大寶二寶都是寶，爸爸媽媽一樣愛

育兒生活的頭一兩年終於結束，熬過新手父母的緊張與不安，兩人世界變三人世界的生活也逐漸步上軌道之後，大部份的父母又要面臨下一個難題：該不該生第二胎？

不可否認，擁有手足相伴的人生，絕對是不孤單的。有一天當父母年老，無法再陪伴你的時候，至少還有血脈相連的手足和我們相伴，相信這也是許多父母下定決心再生一個的原因。但更現實的是，手足情深的畫面，並不是在每個家庭都能溫馨上演，有的兄弟姐妹在長大成人之後，關係仍舊非常冷漠，甚至會影響到他們在爲人父母之後，對於生孩子的觀感，「有手足有差嗎？我跟姐妹的感情那麼差，再生一個有什麼意義？」

沒有天生就懂得相親相愛的手足，當然也沒有一生下來就注定要和老大敵對的弟弟妹妹，手足之間的情感發展，絕對和父母的引導教育有很大的關係。每個孩子都希望自己是父母心中的唯一和最愛，所以絕對會無可避免地和兄弟姐妹向父母爭愛，假使父母親在面對這樣的問題時，只是一味地壓抑孩子的情緒，甚至動不動就用打罵處理手足間的紛爭，那只會加深孩子們對彼此的仇視，認爲都是對方害自己遭受責罵的。

擁有手足，是孩子學會分享的開始，在面對孩子爭風吃醋的情緒時，爸爸媽媽不妨以接納取代責備，謹記以下幾項原則去教導孩子，讓他們感受到父母的用心和愛，自然也不會擔心兄弟姐妹取代了自己在父母心中的地位。

(1)接納老大排斥弟妹的情緒，不壓抑禁止。

前一陣子一則十七歲少女刺死同父異母妹妹的新聞震驚社會，少女因爲長期不滿妹妹搶走父母的關愛，所以持刀殺害年僅三歲的妹妹，當然現實生活中，不是每個孩子行爲都這麼偏激難測，但這個社會案件的發生，卻證明了不管是多大的孩子，對於手足確實是存在著矛盾和競爭情緒的。

你以爲替老大再添一個伴可以換來他的笑容，實際上卻是換來每天處理不完的手足紛爭，讓你一個頭兩個大。更無奈的是，不管做父母的你在懷孕期間如何注意老大的情緒，爲他替小寶寶的到來打了多少「預防針」，都無法完全阻止「老大情結」的產生。明明懷孕期間表現出非常期待弟弟妹妹的，爲什麼小寶寶真的出生以後，老大不但會偷捏偷打，而且脾氣好像還越來越差，一點點小事就哭天搶地？而有的哥哥姐姐原本還算乖巧聽話，但在有了弟弟妹妹之後，行爲竟開始退化了，不是學小嬰兒躺在嬰兒床裡要喝奶，就是不肯吃飯要大人餵，嚴重一點還會開始尿床。

家裡再添一個新生兒就已經夠手忙腳亂了，沒想到老大不但沒有當哥哥姐姐的體認，反而好像還製造了更多麻煩，很多爸爸媽媽遇到這樣的情況，會忍不住開始責罵老大：「你都當哥哥／姐姐了耶！怎麼還這麼不懂事？」、「怎麼又尿褲子了？你是不是故意的？」結果當然就是父母罵得越兇，老大的退化行爲越嚴重。

不管你家的大寶貝是幾歲升格當哥哥姐姐的，請別忘了在小寶寶出生之前，爸爸媽媽可是完全屬於他們的，但是當這個小小生命誕生之後，一切都變了！所有來家裡的人，都直誇小寶寶好可愛，還準備了一大堆的禮物送給他。我呢？怎麼都沒有人理我？沒有人送我禮物？

爸爸媽媽也不一樣了！以前媽媽最喜歡抱我親我的，現在怎麼變得一直抱著小寶寶？以前我一喊爸爸媽媽，他們就會立刻出現在我面前，現在爲什麼總是叫我再等一下？這些大人看來沒什麼的小事，在孩子的小小世界裡，卻是驚天動地的轉變，這時候假使爸爸媽媽無法站在老大的立場去看待這一切，只是單方面地責怪處罰，以爲這樣就可以壓抑孩子的反彈，那麼老大受的心靈傷害只會更嚴重，並且下意識地將這一切怪罪到弟弟妹妹身上。「就是因爲你，爸爸媽媽才變得不愛我的！」、「討厭的小嬰兒，要是沒有你就好了！」像這樣的想法會不斷地在老大心中萌芽，越來越排斥弟弟妹妹的存在。

遇到這種情況，父母第一件要做的事，絕對不是責怪老大的不懂事，而是要反過來接納孩子的情緒，讓他覺得自己是被理解的，「我們知道你可能還無法接受弟弟／妹妹，因爲這陣子我們忙著照顧他，所以有點忽略你了，爸爸媽媽對你感到很抱歉，我們都非常愛你，也會盡量抽出時間陪你，好嗎？」也可以好好跟孩子解釋，因爲不同年紀的孩子，需要爸爸媽媽不同的照顧，但這不是永遠的，「等弟弟／妹妹長大，跟你一樣能幹了，就不需要爸爸媽媽一直抱著了。」

在所有人都聚焦在小寶寶身上時，爸爸媽媽要更注意老大的情緒反應，聰明的父母會在眾人稱讚新生兒時，技巧性地補上幾句：「我們家的姐姐也很可愛喔！是媽媽的大寶貝。」如果可以，請親友們來探訪小寶寶時，也替老大帶上一份簡單的禮物，這小小的舉動，會讓老大知道即使多了弟弟妹妹，爸爸媽媽和周遭的長輩對自己的關愛並沒有減少。

有的父母爲了提高老大對弟弟妹妹的期待，會不斷地告訴孩子：「等小寶寶出生，很快就會陪你玩嘍！」但真實的情況當然不是如此，要等小寶寶長大到可以和老大互動，需要一段不短的時間。當小哥哥小姐姐發現，爸媽口中那個會陪自己玩的弟弟妹妹，原來只是個每天哭不停的小娃娃，甚至還吸引了所有大人的目光和注意，大失所望的情緒會讓他們更抗拒這一切。所以不要急著要求老大接納弟弟妹妹，畢竟對他們而言，這個家中的新成員，不但不會陪自己玩，反而還因爲他的出現，多多少少改變了自己原本的生活，對年幼的他們來說，這絕對是需要一段時間才能適應的。

換個方向想，老大的反彈，恰好也可以讓爸爸媽媽回過頭來檢討自己，是不是真的有分配不公平的地方，陪伴兩個孩子的時間都差不多嗎？是不是總習慣性地先抱小的，要大的自己到旁邊去玩？孩子發生爭執的時候，是針對事情本身替他們排解，還是總要大的讓小的？如果可以藉由這樣的過程，重新檢視自己對待兩個孩子的態度是否公平，不也是另一種收穫？

對於老大的負面情緒，爸爸媽媽要用包容理解的心情去接受，允許他們在這段過渡期中的退化行爲，用溫柔正向的態度告訴老大：「爸爸媽媽很愛你，但是不喜歡你這樣的行爲」然後告訴他什麼樣的行爲才是對的，爸爸媽媽相信他一定能夠做得很好，多給孩子一些鼓勵和信心，他很快就會恢復成原來的自己，逐漸適應多了弟弟妹妹的生活。

(2) 多給老大一些肯定，避免一直說「不」！

當原本只有自己和爸爸媽媽的生活，突然多了一個小寶寶，孩子天生的好奇心會促使他們忍不住伸手觸碰這個軟軟小小的身體，但通常都是換來大人緊張的制止：「不要碰弟弟／妹妹，你會嚇到他！」、「不要那麼大聲，弟弟／妹妹在睡覺！」大人只是單純地擔心老大不懂得控制力量，弄傷老二，所以出言制止，並沒有別的意思。但這些充滿負面語氣的話，帶給孩子的影響，卻遠超過你的想像。

什麼都被禁止的結果，反而會讓老大更想挑戰大人的極限，測試一下究竟會發生什麼事。「爲什麼爸爸媽媽總是不准我碰妹妹？」、「他們一直說不可以，到底摸了弟弟會怎麼樣？我好想試試看！」於是大人越禁止，孩子就越想嘗試，下場當然就是招來更多的責罵，爸爸媽媽會認爲老大是故意唱反調，就是想去招惹弟弟妹妹，心智尚未成熟的孩子，便很容易將這一切都歸咎到弟弟妹妹身上，認爲爸爸媽媽偏袒弟弟妹妹，也是因爲有了弟弟妹妹，所以才對自己這麼兇，甚至質疑父母是不是不愛自己了。

曾有專家指出，三歲之前，孩子聽爸媽講不可以的次數，超過十萬次之多，這個數字夠驚人吧！而這每一句不可以，其實都在扼殺孩子的好奇心，使他們對父母的制止感到疑惑，還在適應新生活的老大，更會對父母感到生氣和不服氣，「我只是想摸一下弟弟，爲什麼就是不可以？」、「爲什麼爸爸媽媽老叫我講話小聲一點，他們以前不會這樣的。」這些轉變和負面情緒，都可能是造成老大行爲脫序的原因，如果爸爸媽媽又疏於正視此一問題，那麼接下來衍生出來的教養問題，恐怕只會更多，不會更少。

與其一直對老大的行爲說不可以、不要，不如用正向的說話方式引導他，直接告知什麼是可以的，像是：「你對弟弟很好奇，想摸摸看是嗎？不過弟弟在睡覺，等他睡醒，我們再一起來找他。」、「你想抱妹妹是嗎？因爲妹妹還很小很軟，媽媽陪妳一起抱好嗎？」孩子聽到的是正面的回應，而不是一直拒絕，心裡的感受會好過很多。

不管是幾歲的孩子，永遠都會有需要父母的時候，當老大和老二同時哭著要抱抱的時候，你們夫妻的處理方式是什麼？「妹妹在哭了，你先等一下，自己到旁邊玩。」、「你長大了，不能哭啊！弟弟會笑你喔！」以爲說這樣的話就可以激勵老大快點長大，成爲愛護弟弟妹妹的好哥哥，但事實卻剛好相反！想想看，在老大需要父母擁抱的時候，不但沒有獲得安慰和溫暖，反而遭到硬生生的拒絕，原因還是爲了爸爸媽媽口中那個「需要照顧保護的弟弟／妹妹」，也難怪這些小哥哥小姐姐，會對家裡這個新成員產生這麼大的排斥感。

所以父母要特別注意自己的說話語氣，改掉習慣性對老大說不的教育方式，用「你想要媽媽抱抱嗎？那媽咪先抱你，等等再輪到妹妹。」取代「你沒聽到妹妹在哭嗎？一定要這個時候吵我嗎？」，或者用「弟弟跟你一樣都在哭耶！那媽媽先抱你再抱弟弟。」取代「不要再哭了！你是哥哥耶！跟弟弟吃什麼醋？」這些正向的說話方式，都會讓老大感到倍受重視，相信爸爸媽媽還是跟過去一樣愛他，並不會因爲有了弟弟妹妹就不要他了。

適時地在小寶寶面前表達你對老大的重視，更能提升老大對弟弟妹妹的接受度，像是：「妹妹也要找媽媽啊？但是姐姐還在講話，要讓姐姐先講完喔！」孩子都是善良單純的，聽到爸爸媽媽這麼說，反而會對弟弟妹妹引發照顧愛護的心，再體貼一點的孩子還會轉而告訴爸爸媽媽：「沒關係啦！媽媽妳先去陪妹妹。」也可以藉這樣的機會邀請老大一起幫忙照顧弟弟妹妹，視孩子的年齡能力，賦予他難易度不同的照顧工作，比如：幫忙拿尿布、奶嘴、陪小寶寶玩等。當然也別忘了向老大表達爸爸媽媽的感謝：「謝謝你的幫忙，你看弟弟笑得好開心，他一定很高興有你這麼好的哥哥！」老大會在照顧的過程中，引發當哥哥姐姐的責任感，對弟弟妹妹的接受度也會越來越高。

大部份的父母總認爲，已經當了哥哥姐姐的老大就應該要懂事聽話，只要有一點點鬧脾氣，就會指責他們：「不可以這樣子喔！你是哥哥耶！要懂事一點啊！」難道當了哥哥或姐姐，就沒有生氣和撒嬌的權利？這對同樣也是孩子的老大來說，是多麼的不公平！

所以從現在開始，不要再一直對你家的老大說不了，爲什麼不試著多在弟弟妹妹面前稱讚老大：「哇！哥哥把房間收得好乾淨喔！等弟弟長大，請哥哥教他怎麼收玩具好不好？」相信你會看到小哥哥小姐姐揚起得意自信的笑容，越來越樂意和弟弟妹妹們相處和分享。

(3)擺脱排行不同的刻板印象，公正開明地教育孩子。

不管是家中排行第幾的孩子，父母總免不了用刻板印象去要求和教育。但你知道嗎？這樣的教養方式會在不知不覺中影響孩子的個性養成和心態，對他們來說，父母因爲排序不同的差別待遇，更是存在著不公平的。想想看，你是不是常常對老大說：「你是哥哥／姐姐，要做弟弟妹妹的榜樣啊！。」

然後對小的說：「你是弟弟／妹妹，要向哥哥／姐姐看齊啊！」但是，老大就一定得那麼完美，不容許犯一點點錯嗎？而老二又非得要一輩子將老大視爲榜樣前進，不能照自己的步調和節奏成長？

當你在埋怨孩子的所作所爲總是不符合你們夫妻的期待，教養實在無力又辛苦時，有沒有想過你們對孩子的要求是否合理公平？

老大，因爲是第一個孩子，是在眾人期待中誕生的，從小就倍受父母和周遭親友的寵愛。也因爲是第一個孩子，父母的教養方式自然就會比較戰戰兢兢，把所有的注意力都放在老大身上，要求不知不覺也會比較高。

尤其在弟弟妹妹出生之後，老大不但被迫分享現有的一切，父母也會賦予他們要做弟弟妹妹榜樣的重責大任，認爲「你是哥哥，要有做哥哥的樣子啊！」更會把照顧弟弟妹妹的責任放在老大身上，當父母分身乏術的時候，更會希望老大能稍稍代替一下自己，監督鞭策弟弟妹妹。在手足間發生爭吵時，大的也常聽到這樣的質疑：「你是哥哥姐姐，怎麼跟弟弟妹妹爭呢？」、「你比較大，讓一下會怎麼樣？」甚至在長大成人之後，大家第一個關心的，就是老大什麼時候結婚生子，滿足父母抱孫子的心願。

對長期背負父母期望的老大來說，他們可能比較要求完美、責任感重。相對地，成長過程中承受的壓力也比弟弟妹妹來得大，這可能會讓老大變得容易壓抑情緒，心事都藏在心裡。如果父母只一味地要求他們的表現，卻忽略安撫老大情結所產生的負面情緒，會連帶地影響孩子將來進入團體生活中的人際關係。

而老二呢？有老大情結當然也有老二情結，老大出生的時候，因爲是頭一胎，自然是被所有人放在手心上呵護，但輪到老二出生時呢？對父母而言已經沒有迎接第一胎的驚喜期待了，老二似乎一出生就少了父母的關注，也因爲有了老大的經驗，教養老二對爸爸媽媽而言，自然駕輕就熟許多。二度當父母的老神在在，也會造就老二在比較自由、不受拘束的環境中長大。

但也因爲是第二個孩子，老二天生就註定要接收大部份哥哥姐姐的衣物、玩具、用品等。家中有兩個以上孩子的父母，最常聽到的話應該就是：「爲什麼哥哥／姐姐有，我沒有？」、「爲什麼我只能撿哥哥／姐姐用過的東西？」老二也永遠活在老大的壓力下，總是被父母要求：「你看哥哥多棒！要多跟他學學喔！」、「你爲什麼就不能像姐姐一樣懂事，永遠讓我操心？」如果是生三個以上的家庭，居中的老二更是容易成爲被忽略的那一個，既沒有老大的特權，也沒有老么的倍受寵愛，所以他們很早就學會向外發展，找到自己的空間，社交能力也因此比較強，懂得怎麼和不同的人打交道，爲了爭取父母親的注意力，察言觀色更是老二必備的生存之道。

至於老么呢？排行最小的他們，絕對是集三千寵愛於一身的，一出生就習慣受到旁人無微不至的照顧，依賴心自然會比哥哥姐姐們強很多，遇到困難第一個指望的是別人的幫助，而非自己動手解決。也因爲年齡是所有孩子中最小的，父母很容易自然而然地給予最多的關懷和照顧，所以大部份的老么會比較任性、愛撒嬌。假使父母的教養方式有失公允，那麼這個父母最疼愛的老么，很可能就會成爲哥哥／姐姐們共同的敵人，也因爲成長過程中背負的責任是家庭成員中最輕的，長大後進入社會面對挫折的抗壓性普遍來說都比較低。

父母在面對每一個孩子時，應該做的是觀察他們因爲排行順序不同所呈現的人格特質，然後分別施予各自合適的教養方法。

老大可能自我要求高、容易給自己壓力，爸爸媽媽就要注意自己對孩子的要求是否合理，設定給老大的目標是不是他能力範圍內可以達成的。而對於不輕易吐露心事的老二，要多多觀察他的情緒波動，以免過度忽略他；老么則要提防自己過度寵愛，當年爲哥哥姐姐設下的教養規矩，也要同等地要求老么，盡早訓練其獨立，撇開對老么「他還小，什麼也做不好。」的既定印象，相信這個家中年紀最小的孩子，也可以和哥哥姐姐一樣有好的表現。

還有一點要注意的是，父母很容易因爲自己在原生家庭中的排行性格，特別注意跟自己同樣排行的子女，對他們的要求也可能比較高。「我也是老大，從小就負責照顧弟弟妹妹，爲什麼你就做不到？」、「媽媽跟你一樣是老么，阿公阿嬤也沒特別疼我啊！哥哥姐姐都對你這麼好，還不知足！」每個孩子都有自己與生俱來的個性，適合的教養方式也各不相同，當年適合你的管教方式，未必就適合你的孩子。

孩子在家中天生的排行或許是無法改變的事實，但父母的教養方式，絕對是可以調整的。多花點心思去觀察你的孩子，因材施教地去引導陪伴，相信不管是老大還老二，都能在父母的用心調教下，發展出屬於自己的一片天空。

尊重孩子是獨立個體，欣賞他們各自的優點

許多父母在面對孩子時，常會抱持著「你是我生的，應該聽我的。」這樣的想法。認爲自己有義務替孩子鋪好未來的路，包括：念什麼科系、工作該找哪一類，通通都預先設想安排好，認爲這樣才算盡了做父母的責任，才夠爲孩子著想。更會習慣性地把自己未完成的夢想套在孩子身上，因爲童年想學鋼琴卻沒有機會，於是安排孩子去學琴；因爲自己外文能力不怎麼樣，早早就把孩子送去學英文，卻一點也不問他們想不想，不看孩子適不適合。

表面上看起來，這樣的設想周到，讓孩子從小就受到無微不至的呵

護照顧，實際上根本是把孩子視爲自己的附屬品，用孩子的成就來滿足做父母的虛榮心，所以當他們的表現不符合自己期待時，父母親的失落就會格外地深，覺得「我花這麼多心血和金錢栽培，你卻辜負我們的期望。」

你知道嗎？其實才六七個月大的嬰兒，就開始意識到自己和他人是各自獨立的，這也是爲什麼六個月大以後的嬰兒會有分離焦慮。再大一點，兩三歲的小小孩自我意識會更強，凡事都想要自己來，大人稍稍想幫一點忙，他們就會氣得大哭拒絕。這就證明了，不管是多大的孩子都是獨立個體，他們都有自己的想法意識，所以更應該受到尊重。

你或許會認爲：「這麼小的小孩懂什麼？我講的話他能聽得懂就不錯了！還談什麼尊重？」所以拿孩子的東西時不問自取，私自翻閱孩子的個人物品、信件，做任何決定也不詢問孩子的看法，擅自替他安排。但請你反過來想想，假使這些行爲都發生在你身上，你是不是會有一種不受尊重的憤怒感？而爲什麼成年人需要受到尊重，年紀比較小的孩子卻一點也不用？

一個感受到父母尊重的孩子，自然也會懂得用同理心對待父母和周遭親友，因為他明白受人尊重的感受有多麼愉快。有許多人長大成年後，做任何決定總是習慣先斬後奏，從不事先和父母商量討論，就是因為自己從小到大沒有受過尊重，他們又怎麼會懂得顧及別人的想法？

不過，尊重並不等同於放縱。尊重孩子的自我意識，並不代表就要順從他們的所有行為，當孩子有不當的言行時，父母親絕對有責任去引導制止，帶領孩子往正確的人生方向走去。

一個懂得將孩子放在同等地位去尊重的父母，才會樂意去挖掘欣賞每個孩子各自的優點、長處。家中有兩個以上孩子的父母體會一定更深，每個孩子的個性和氣質都完全不一樣，即使是打從娘胎裡，就在同樣環境中出生成長的雙胞胎，呈現出來的人格特質一定也都各不相同。老大如果敏感內斂，在陌生環境要適應很久，老二通常就是活潑外向，到哪都像在自己家一樣處之泰然。

這時候父母要做的，是懂得去發掘他們各自的優點，而不是把A孩子的優點放在B孩子身上，質疑他：「爲什麼你就不能像姐姐那麼乖巧聽話，永遠都靜不下來？」

比較活潑好動的孩子，難道就是不聽話？難道他就沒有値得鼓勵的優點？

不管是什麼樣性格的孩子，一定都有他獨特的優點和缺點。順從聽話的孩子或許教養起來比較輕鬆，但相對地會比較怕生，對新環境需要更長的時間才能適應；比較自我的孩子因爲個性倔強，爸爸媽媽要花費比較多的心力引導，但也因爲自我意識強，判斷能力也會比較強，長大後不容易受同儕誘惑而走偏。

懂得欣賞孩子因爲個性不同所衍生出來的優點，父母就不會陷入孩子不如人的沮喪和比較中，得到雙親的肯定更會讓他們充滿自信和勇氣。

相反地，如果爸爸媽媽永遠執著在挑剔孩子的缺點，總是聚焦在自己孩子不如人的地方，那麼任憑他們怎麼努力都是徒勞無功。總是得不到父母親認同的挫敗自卑，更會影響他們一輩子，對任何事情都抱持著負面否定的想法，在家中充滿挫折的成長過程，更可能讓他們只好向外尋求發展，到外頭找尋溫暖和肯定。於是孩子越大，父母覺得越頭痛，怎麼管也管不住，一天到晚往外頭跑，卻不知道是自己的手將孩子向外推的。

唯有尊重孩子，尊重他們的獨立人格和自我意識，孩子才會因為自我需求和想法受到重視，逐漸懂得關心愛護身旁的人。而父母的這份尊重，更會讓他們格外珍惜感謝，親子之間才能建立良好的溝通模式。

◆善用小撇步，教養變輕鬆。
◆賞罰分明，和孩子共同建立家中規則。
◆鼓勵讚美不能少，建立孩子自信心。

◆不拿孩子做無謂的比較。
◆製造和孩子獨處的時間，在單獨約會的時光裡傳達愛意。
◆接納老大排斥弟弟妹妹的情緒，多些肯定和鼓勵。
◆撇除排行的既定印象，公正開明地教育每一個孩子。
◆尊重孩子是獨立的個體，發掘各自的優點、長處。

Afterword

後記

寫這本書的過程中，正好經歷兩則重大的社會案件。一是台北捷運上的隨機殺人事件，二是台大高材生當街情殺女友案。

社會案件或許每天都有，但這兩起案件之所以引起這麼大的震驚，除了死傷慘重之外，兩個嫌犯看似完全沒問題，甚至擁有優於許多人的學、經歷：自小到大成績都好、家庭背景也都算是小康以上，因而引發外界的不解和熱烈討論。爲什麼這兩個鄰居、親友口中描述「很乖、很聽話。」的孩子，會犯下這麼無法彌補的滔天大錯？家庭教育和學校教育又是哪個環節出了問題？他們變成這樣，究竟是父母的責任，還是本身的心理問題？

天下父母心，每個孩子從誕生開始，都被父母寄予厚望，苦心栽培，絕對沒有任何一個父母會把傷天害理、作奸犯科當成教育目標。任誰也無法承受自己含辛茹苦養大的孩子，最後被冠上殺人犯的罪名，下半輩子恐怕只能在牢獄中度過，甚至承受以命償命的遺憾與痛苦。

這兩起案件爆發之後，嫌犯的父母理所當然成為眾矢之的，大家很難不去聯想，是不是家庭教育哪裡出了差錯？他們的父母究竟是如何教養孩子的，明明是那麼符合社會期待的兩個年輕人，最後卻變成社會案件的主角，結果卻是，連他們的父母親自己也找不到答案，在面對外界質疑時，都異口同聲地回答：「他從小到大真的都很乖，我們也不知道怎麼會變成這樣！」

北捷案的鄭捷父母更是向警方表示，兒子從小乖巧內向，他們對孩子的教育開放又民主，家庭氣氛融洽和樂，所以真的不能理解，兒子怎麼會犯下如此重大的案件。

同樣身為母親，這兩起案件真的給了筆者非常大的震撼和警示。為人父母的我們，總習慣用自己的角度和標準去要求並規範孩子，在中國人的社會裡，孩子乖乖聽話用功念書，長大後念好學校、找到好工作、嫁娶到好對象，就好像什麼都不用操心，中國父母的教養目標也一直是朝這個方向邁進的。但是當孩子的表現都朝著你的期望走時，做父母的你們，有沒有觀察到他的心？徹底明白他的感受？你的孩子過得快樂嗎？他心裡真正想要的又是什麼？當遇到挫折和失敗時，有沒有人能夠聽他訴苦？

一個乖乖聽話的孩子，表面上看起來什麼麻煩也不會惹，每天按表操課地上下學，回到家就關進自己的房間裡。因爲成績好，又總是靜靜地待在家，爸爸媽媽自然也就很放心，等到有一天鑄下了大錯，做父母的你才發現，原來其實一點也不了解自己的孩子！

原來孩子的內心隱藏著那麼多的不滿和憤怒，原來這個大家眼中的乖小孩，竟是一個遇到挫折和失敗，只懂得用傷害別人來讓自己好過的殺人犯。這對父母而言，不是天大的諷刺和悲哀嗎？

當然這兩個案件主角的偏激行爲只在少數，但發生這樣的悲劇，實在不得不教爲人父母的我們回頭省思自己對孩子的教養方式，當你一股腦地要求孩子的學業成績不能輸人，爲他每天安份守己地出門回家，畢業後也看似順利地找到一份好工作而感到放心時，是不是更該注重孩子的內心世界？

當然，父母無法爲孩子的一輩子負責，但有一點可以確定的是，至少在他們成年離開家，獨自在外生活之前，個性養成和價值觀的培養，全仰賴父母的教育，所以才會有人說「父母是孩子最好的老師」。爲人父母真的不容易，但我們絕對都有責任也有義務，花再多時間都不嫌累地去了解自己的孩子。

教養，永遠是父母親一輩子都要努力的功課！

現代親子
26

教養孩子，沒那麼難

雅致風靡　典藏文化

親愛的顧客您好，感謝您購買這本書。即日起，填寫讀者回函卡寄回至本公司，我們每月將抽出一百名回函讀者，寄出精美禮物並享有生日當月購書優惠！想知道更多更即時的消息，歡迎加入"永續圖書粉絲團"您也可以選擇傳真、掃描或用本公司準備的免郵回函寄回，謝謝。

傳真電話：（02）8647-3660　　電子信箱：yungjiuh@ms45.hinet.net

姓名：	性別：　□男　□女
出生日期：　年　月　日	電話：
學歷：	職業：
E-mail：	
地址：□□□	
從何處購買此書：	購買金額：　元
購買本書動機：□封面 □書名 □排版 □內容 □作者 □偶然衝動	
你對本書的意見： 內容：□滿意□尚可□待改進 封面：□滿意□尚可□待改進	 編輯：□滿意□尚可□待改進 定價：□滿意□尚可□待改進
其他建議：	

剪下後傳真、掃描或寄回至「22103新北市汐止區大同路3段194號9樓之1雅典文化收」

總經銷：永續圖書有限公司

永續圖書線上購物網

www.foreverbooks.com.tw

您可以使用以下方式將回函寄回。

您的回覆，是我們進步的最大動力，謝謝。

① 使用本公司準備的免郵回函寄回。

② 傳真電話：（02）8647-3660

③ 掃描圖檔寄到電子信箱：

yungjiuh@ms45.hinet.net

沿此線對折後寄回，謝謝 。

廣 告 回 信
基隆郵局登記證
基隆廣字第056號

2 2 1-0 3

雅典文化事業有限公司　收

新北市汐止區大同路三段194號9樓之1

雅致風靡　典藏文化

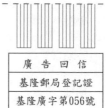